Dreiband billard: Ungewöhnliche Tischmuster

Von professionellen Meisterschaftsturnieren

Testen Sie sich gegen professionelle Spieler

Allan P. Sand
PBIA Zertifizierter Billardlehrer

ISBN 978-1-62505-300-8
PRINT 7x10

ISBN 978-1-62505-454-8
PRINT 8.5x11

First edition

Published by Billiard Gods Productions.

Santa Clara, CA 95051

U.S.A.

For the latest information about books and videos, go to: http://www.billiardgods.com

Acknowledgements

Wei Chao created the software that was used to create these graphics.

Inhaltsverzeichnis

Other books by the author ...

       3 Cushion Billiards Championship Shots (a series)

       Carom Billiards: Some Riddles & Puzzles

       Carom Billiards: MORE Riddles & Puzzles

       Why Pool Hustlers Win

       Table Map Library

       Safety Toolbox

       Cue Ball Control Cheat Sheets

       Advanced Cue Ball Control Self-Testing Program

       Drills & Exercises for Pool & Pocket Billiards

       The Art of War versus The Art of Pool

       The Psychology of Losing – Tricks, Traps & Sharks

       The Art of Team Coaching

       The Art of Personal Competition

       The Art of Politics & Campaigning

       The Art of Marketing & Promotion

       Kitchen God's Guide for Single Guys

Einführung

Dies ist eines aus einer Reihe von Billard-Büchern, die zeigen, wie professionelle Spieler basierend auf der Ballkonfiguration Entscheidungen treffen. Jede Konfiguration stammt von internationalen Wettbewerben.

Diese Probleme bringen Sie in den Kopf des Spielers, beginnend mit den Ballpositionen in der ersten Konfiguration. Die zweite Konfiguration zeigt, wozu der Player sich entschieden hat.

Über die Konfigurationen

Dies sind die drei Bälle auf dem Tisch:

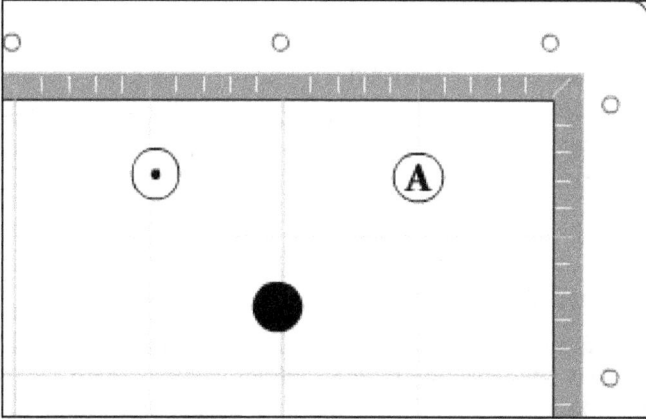

(A) (CB) (deine Billardkugel)

(•) (OB) (Gegner Billardkugel)

● (OB) (rote Billardkugel)

Jede Konfiguration hat zwei Layouts. Die erste Konfiguration ist die Position der Kugeln. Die zweite Konfiguration zeigt, wie sich die Kugeln auf dem Tisch bewegen.

Anweisungen zum Einrichten der Tisch

Verwenden Sie Papierbinderringe, um die Ballpositionen zu markieren (kaufen Sie in jedem Bürofachgeschäft).

Legen Sie eine Münze auf jedes Tischkissen, das das (CB) berührt.

Vergleichen Sie Ihren (CB) Pfad mit der zweiten Tischkonfiguration. Um zu lernen, benötigen Sie möglicherweise mehrere Versuche. Nehmen Sie nach jedem Fehler eine Anpassung vor und versuchen Sie es erneut, bis Sie erfolgreich sind.

Zweck der Diagramme

Diese Layouts werden für zwei Zwecke bereitgestellt.

- Ihre Analyse - Zu Hause können Sie überlegen, wie Sie die Konfiguration in der ersten Tisch spielen. Vergleichen Sie Ihre Ideen mit dem tatsächlichen Muster auf der zweiten Tisch. Denken Sie über Ihre Lösung nach und überlegen Sie sich die Optionen. Aus der zweiten Tisch können Sie auch analysieren, wie Sie dem Muster folgen. Mental spielen Sie den Schuss und entscheiden Sie, wie Sie erfolgreich sein können.

- Üben Sie die Tischkonfiguration - Legen Sie die Kugeln gemäß der ersten Tischkonfiguration in Position. Versuchen Sie, genauso zu schießen wie das zweite Tischmuster. Sie können viele Versuche benötigen, bevor Sie die richtige Art zu spielen finden. So können Sie diese Aufnahmen bei Wettbewerben und Turnieren lernen und spielen.

Die Kombination aus mentaler Analyse und praktischer Übung wird Sie zu einem intelligenteren Spieler machen.

A: Band zuerst

Dies sind interessante Konfigurationen. Die (CB) geht zuerst in ein band und vervollständigt dann die Punktzahl mit einem ungewöhnlichen Umstand.

(A) (CB) (Ihre Billardkugel) - (•) (OB) (Gegner Billardkugel) - ● (OB) (rote Billardkugel)

A: Gruppe 1

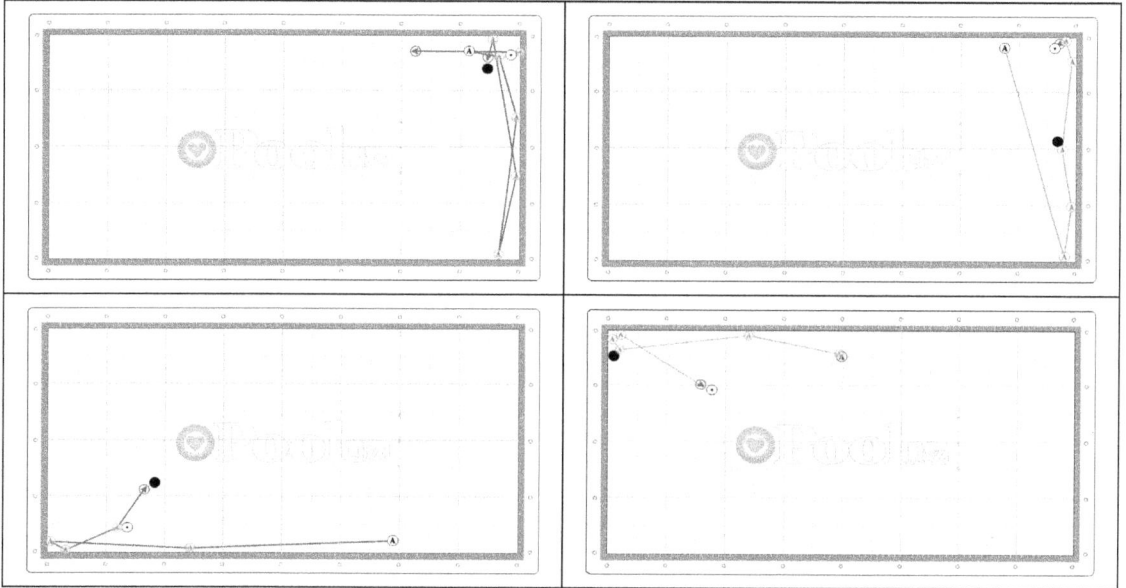

Analyse:

A:1a. _____

A:1b. _____

A:1c. _____

A:1d. _____

3

A:1a – Konfiguration

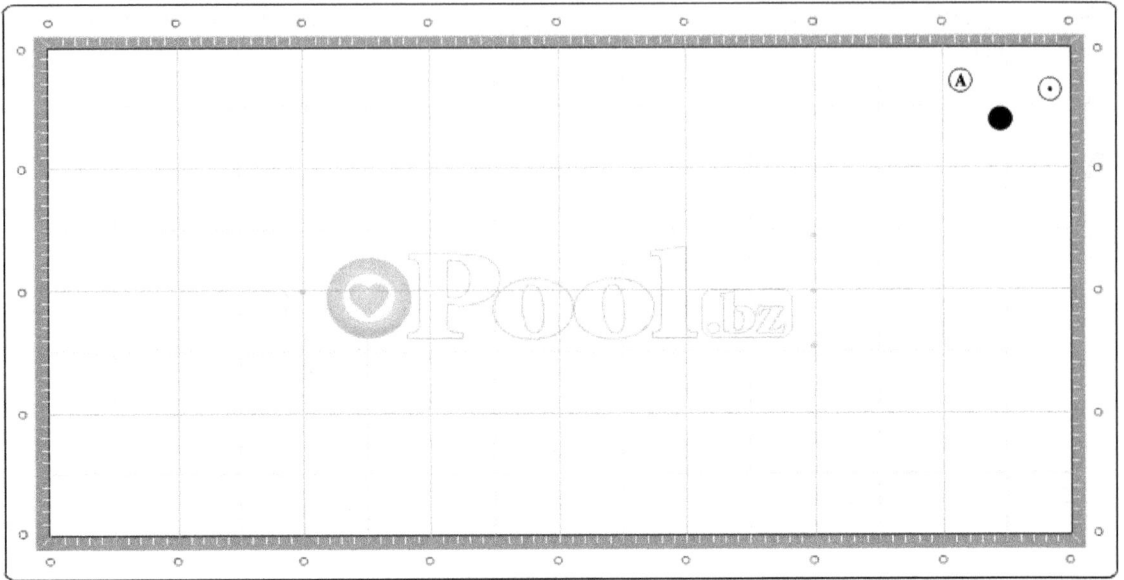

Notizen und Ideen:

Schussmuster

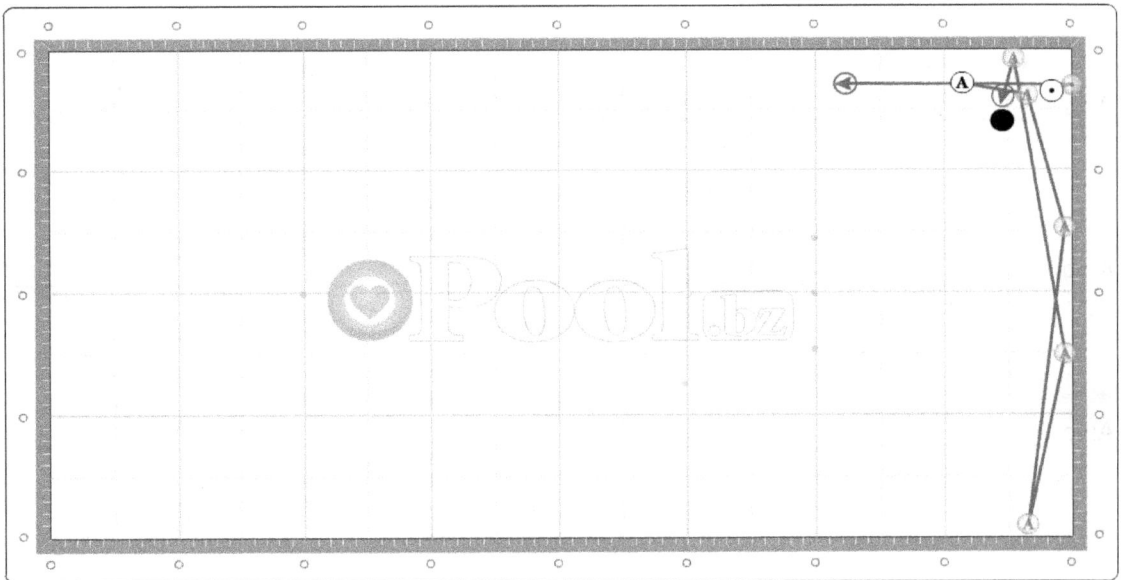

A:1b – Konfiguration

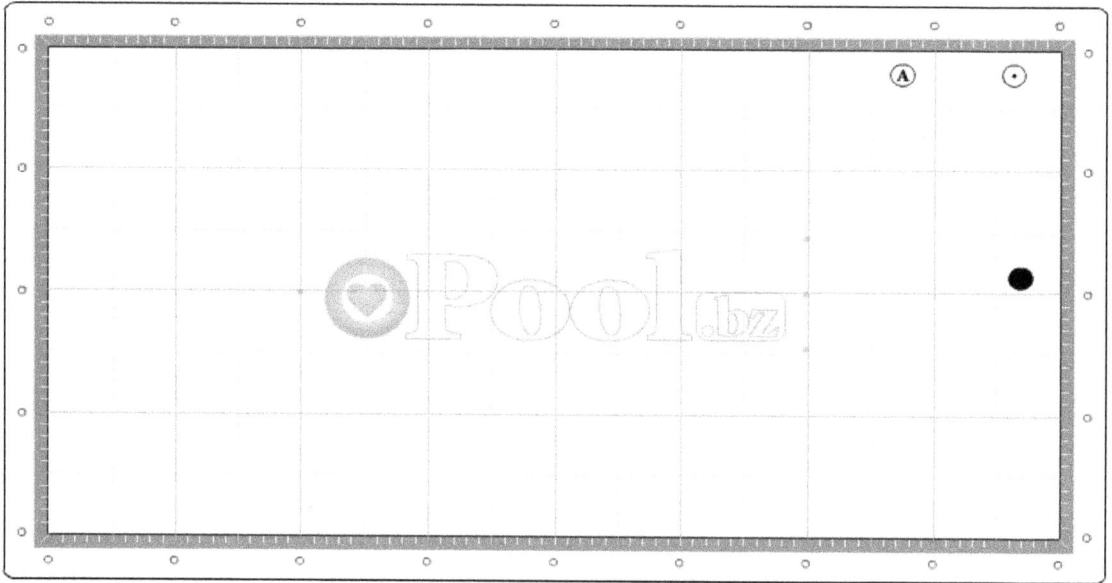

Notizen und Ideen:

Schussmuster

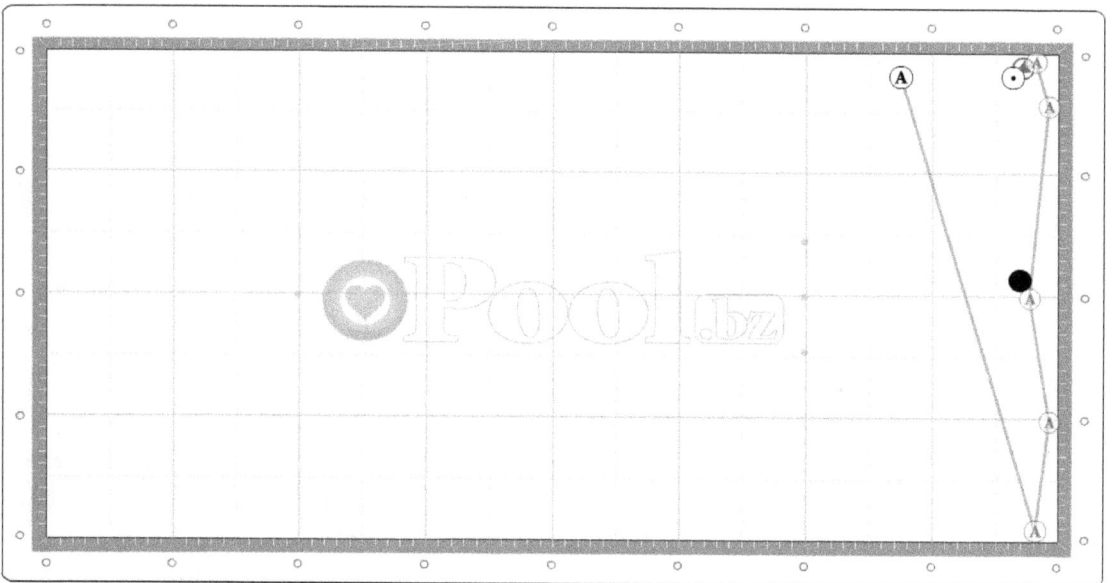

A:1c – Konfiguration

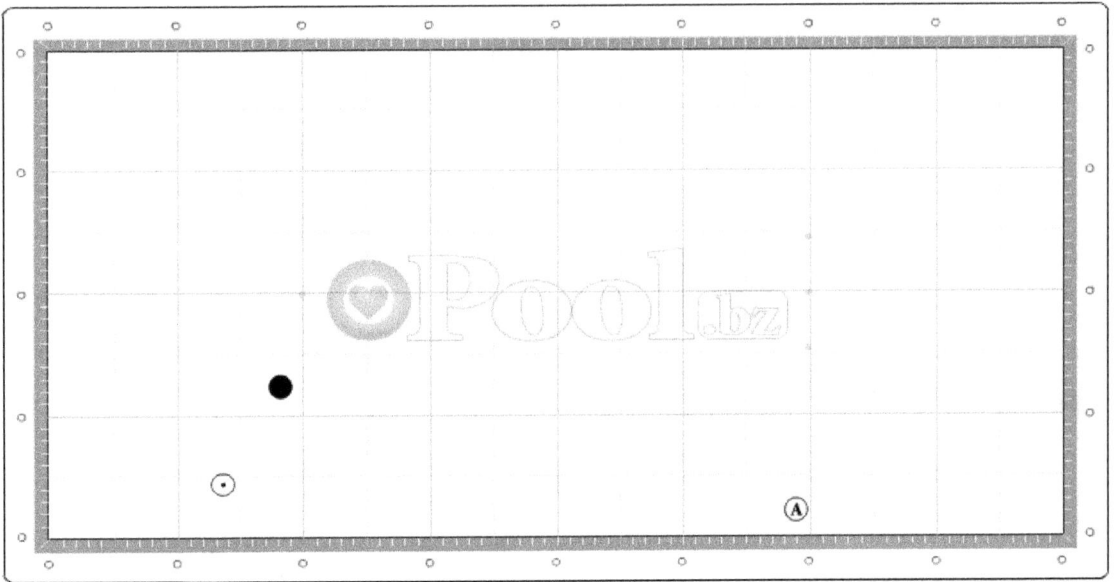

Notizen und Ideen:

Schussmuster

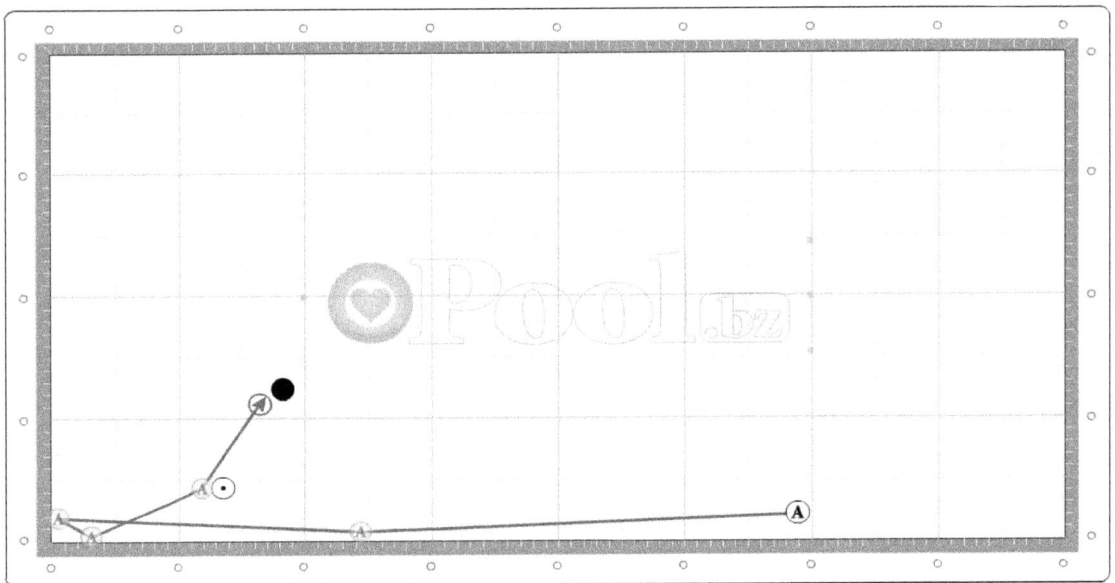

A:1d – Konfiguration

Notizen und Ideen:

Schussmuster

A: Gruppe 2

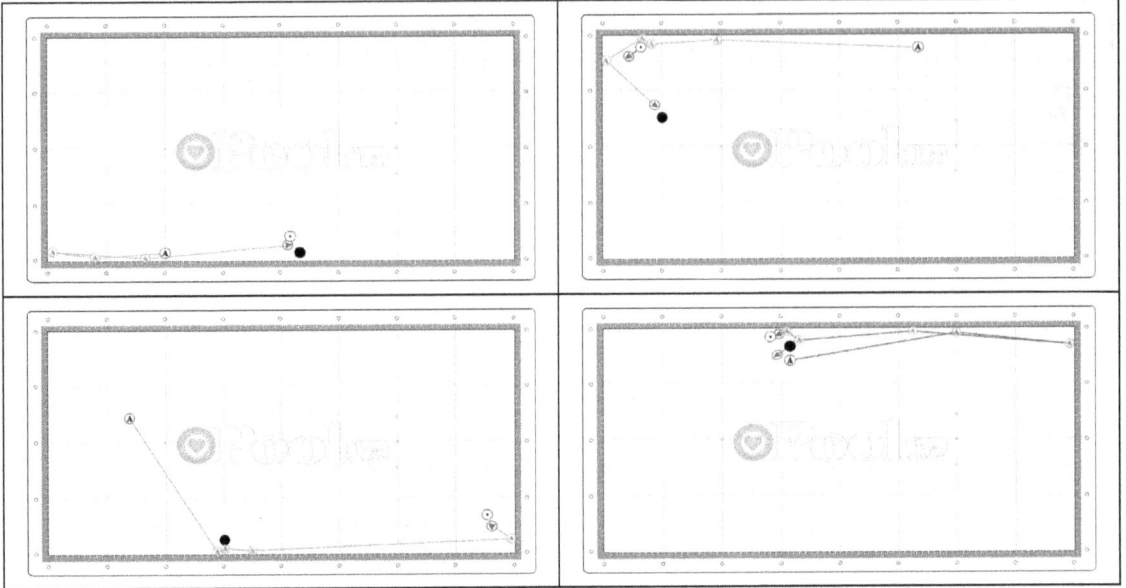

Analyse:

A:2a. _____

A:2b. _____

A:2c. _____

A:2d. _____

A:2a – Konfiguration

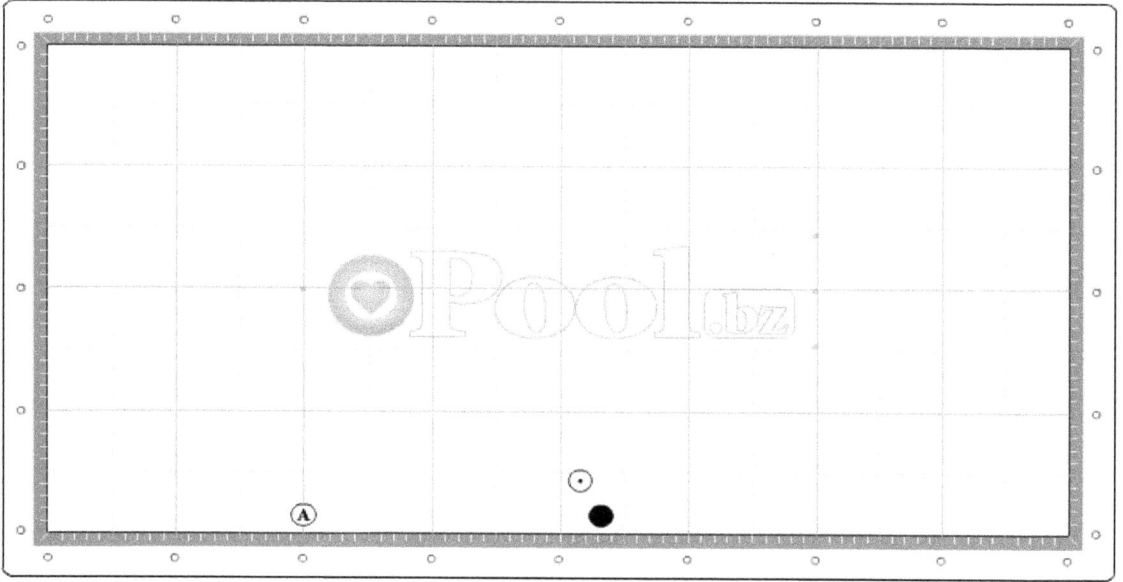

Notizen und Ideen:

Schussmuster

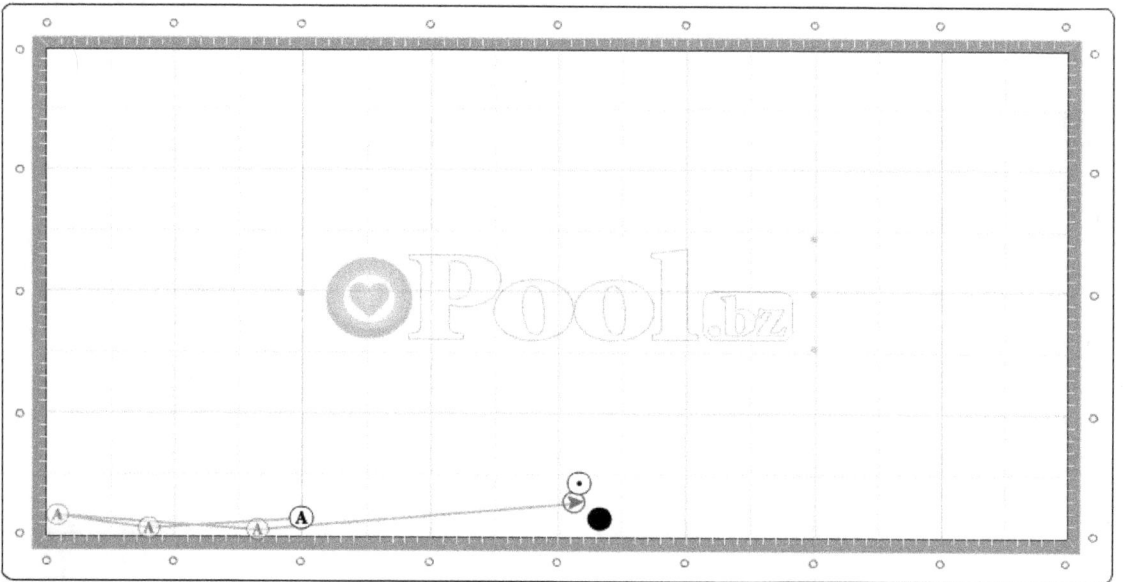

A:2b – Konfiguration

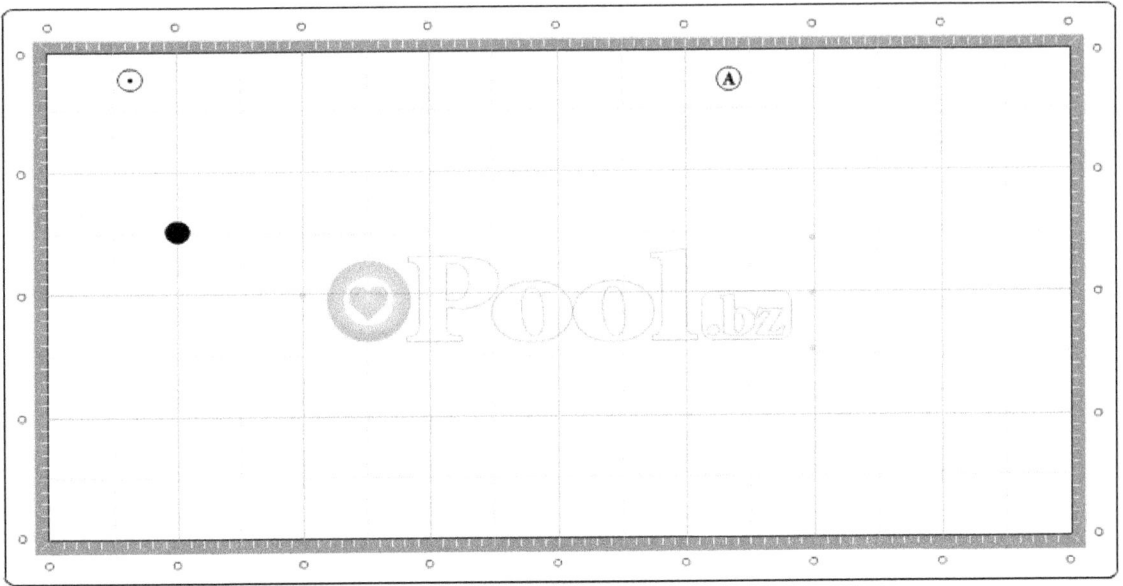

Notizen und Ideen:

Schussmuster

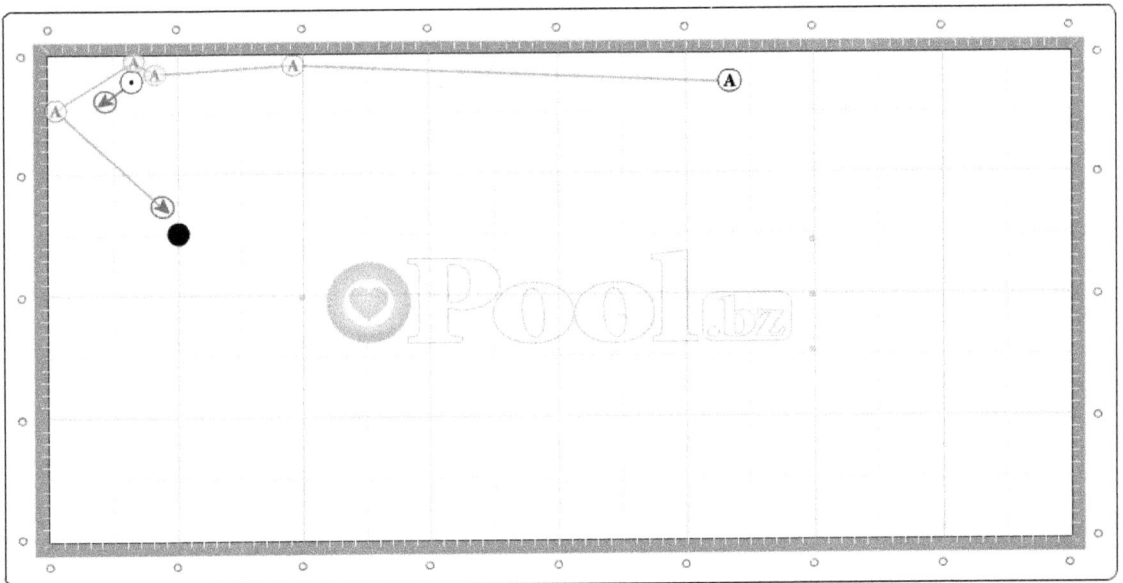

A:2c – Konfiguration

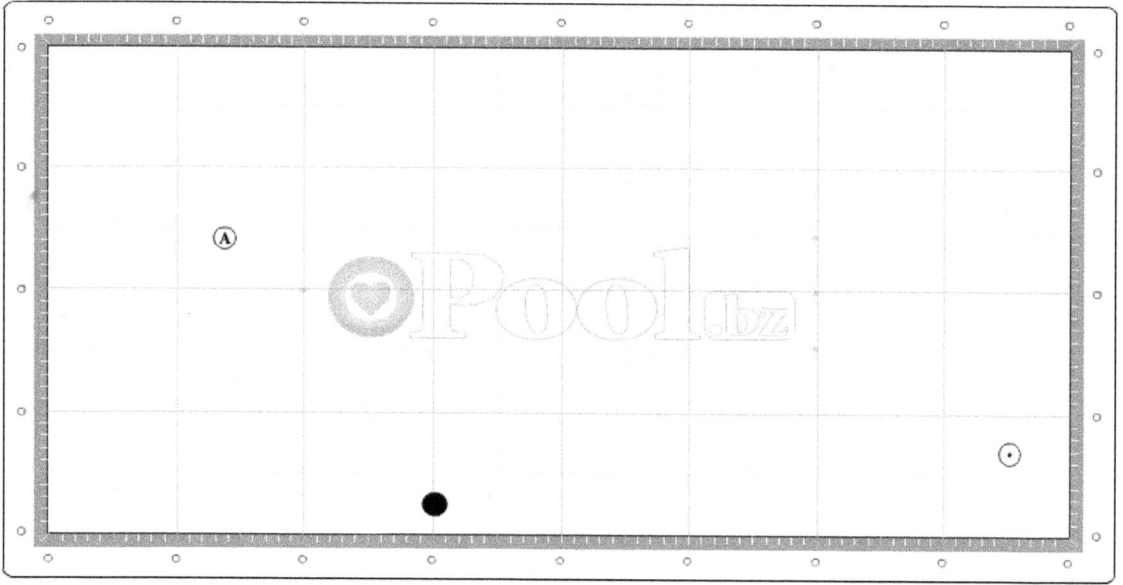

Notizen und Ideen:

Schussmuster

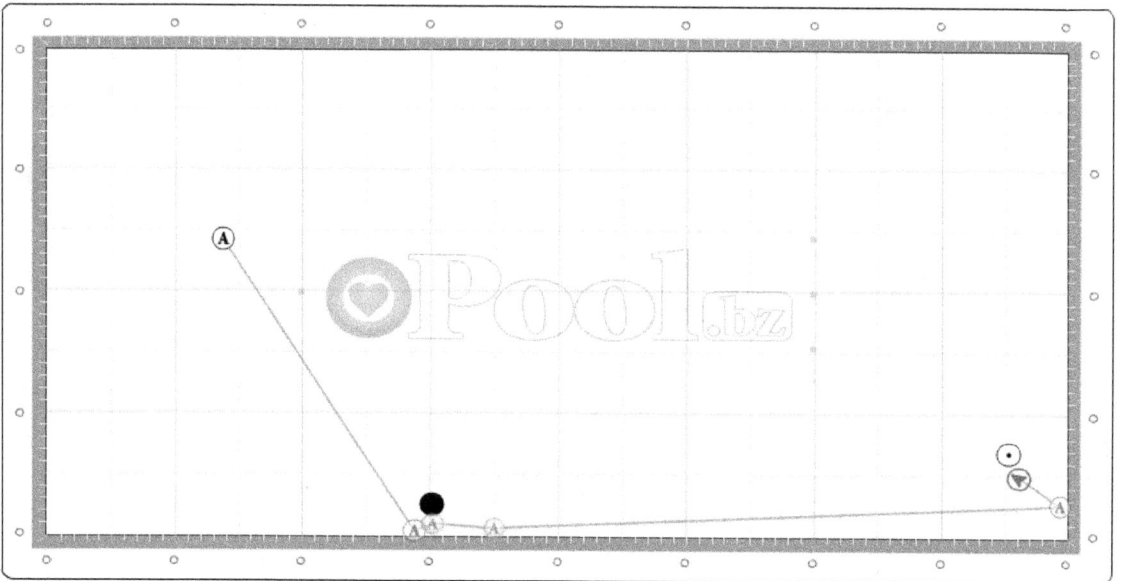

A:2d – Konfiguration

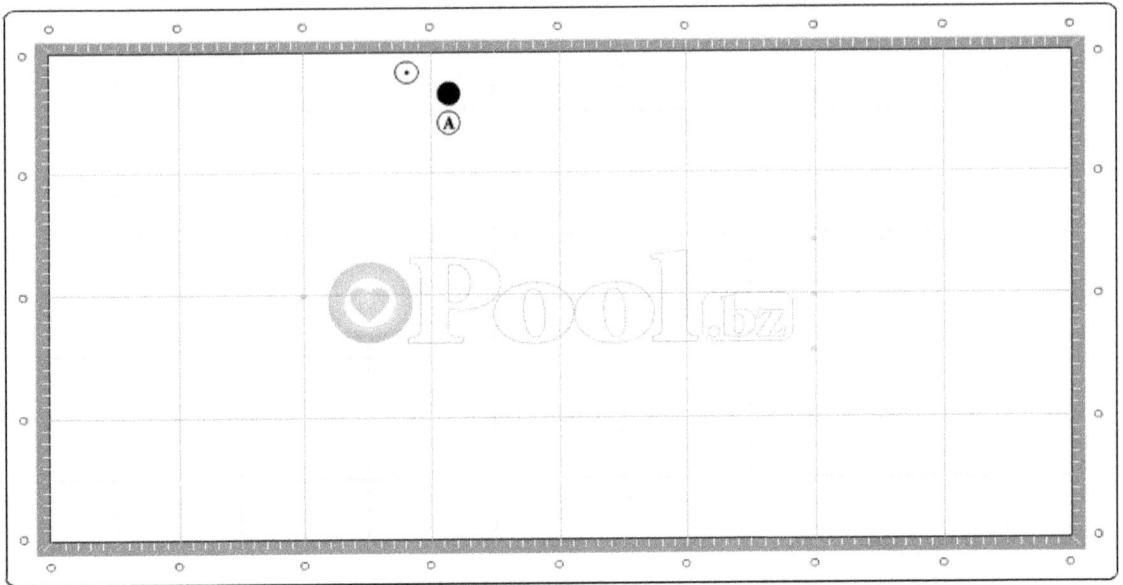

Notizen und Ideen:

Schussmuster

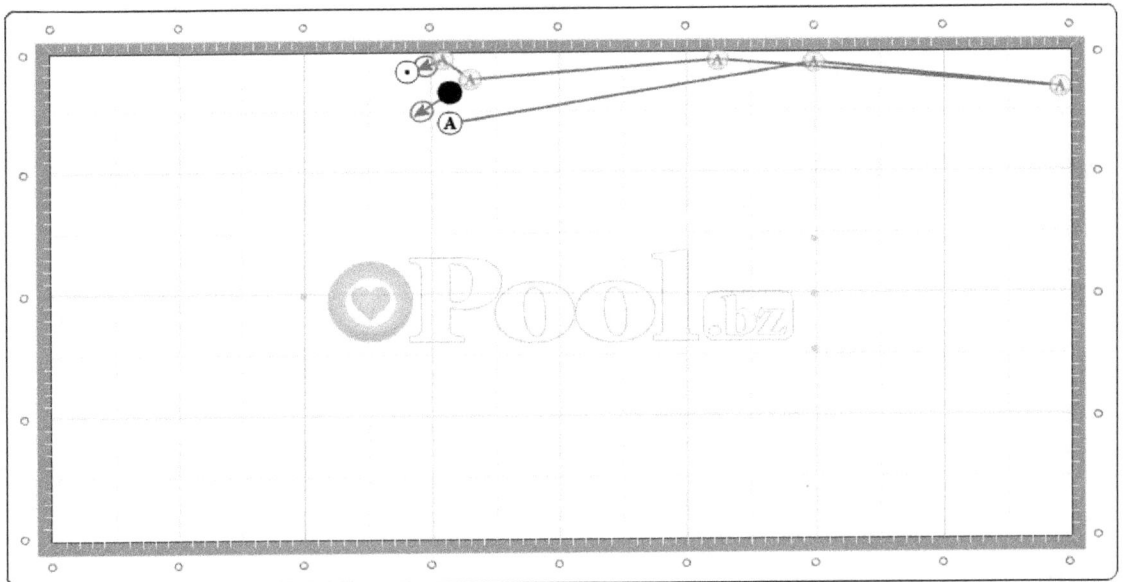

A: Gruppe 3

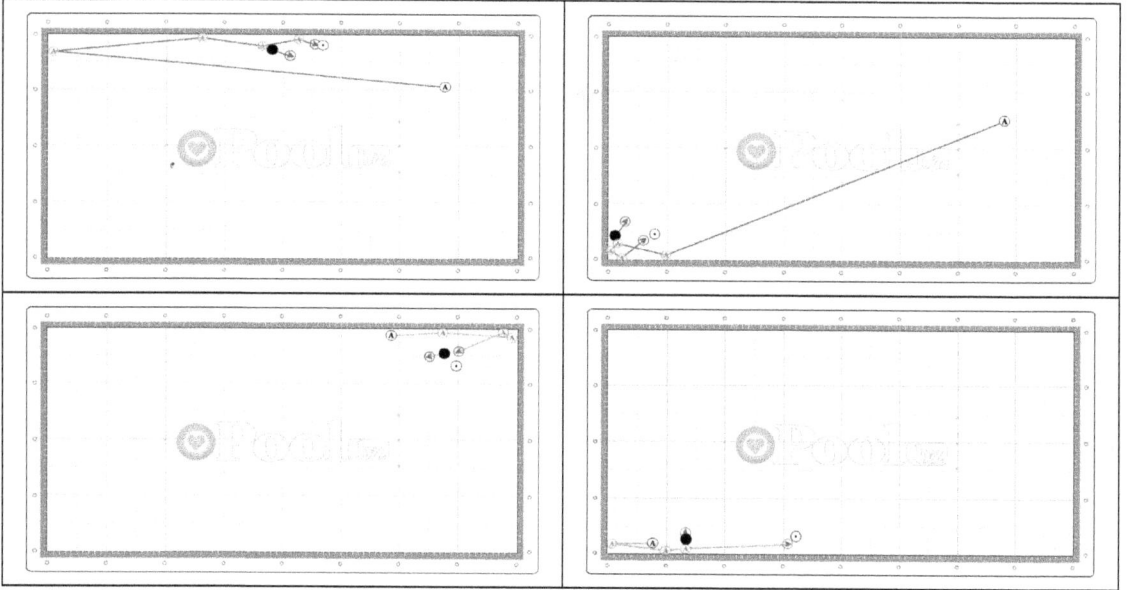

Analyse:

A:3a. _____

A:3b. _____

A:3c. _____

A:3d. _____

A:3a – Konfiguration

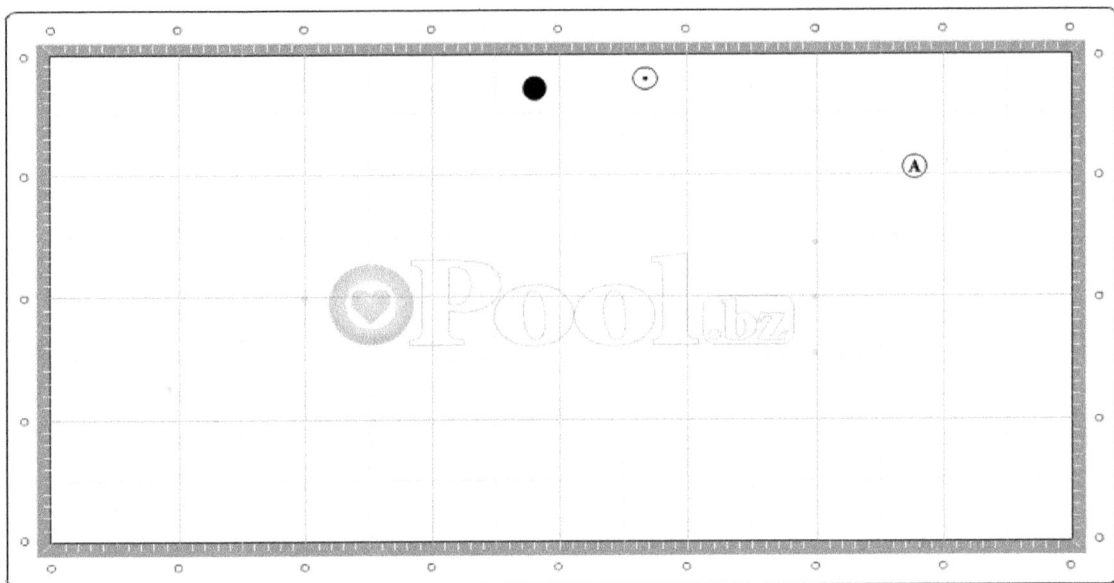

Notizen und Ideen:

Schussmuster

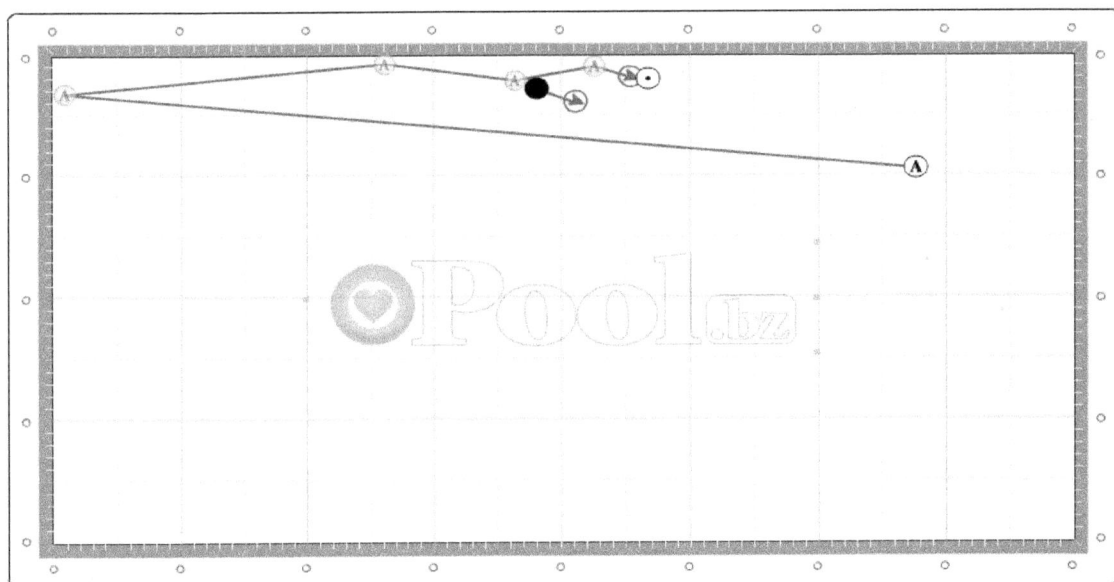

A:3b – Konfiguration

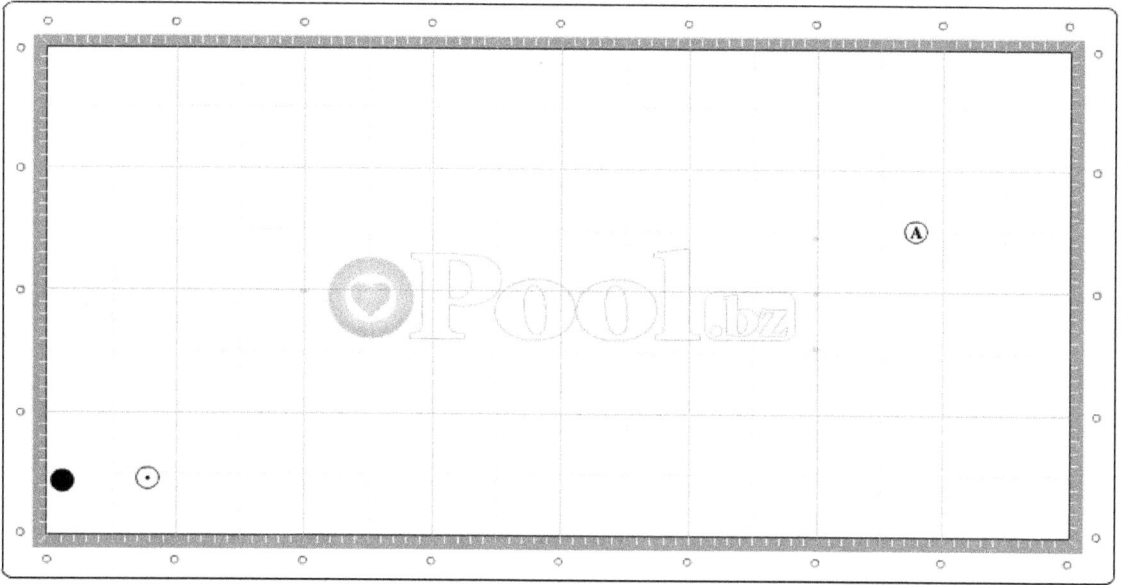

Notizen und Ideen:

Schussmuster

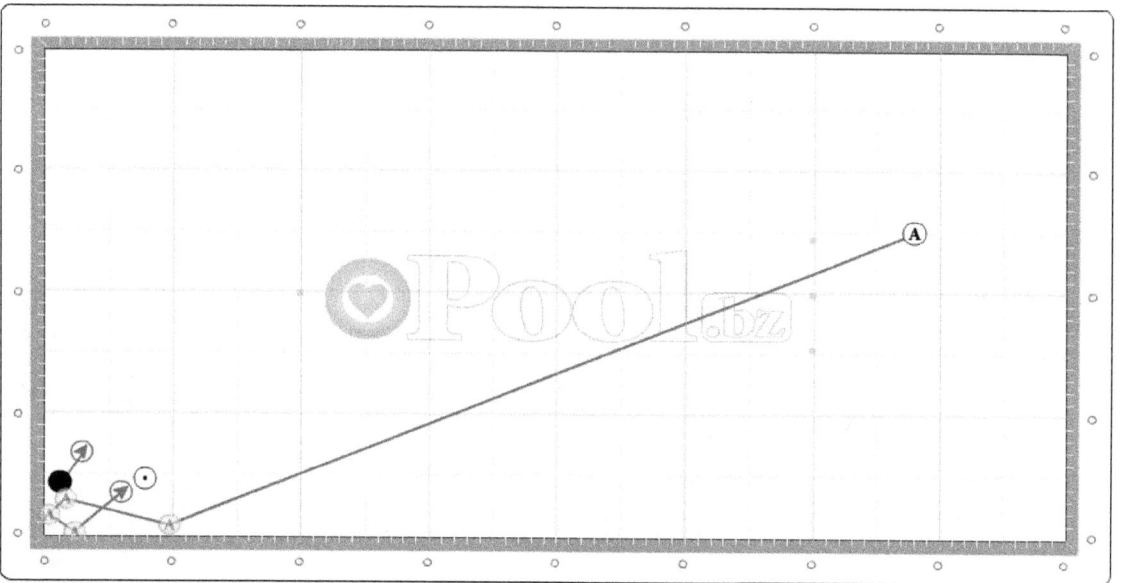

A:3c – Konfiguration

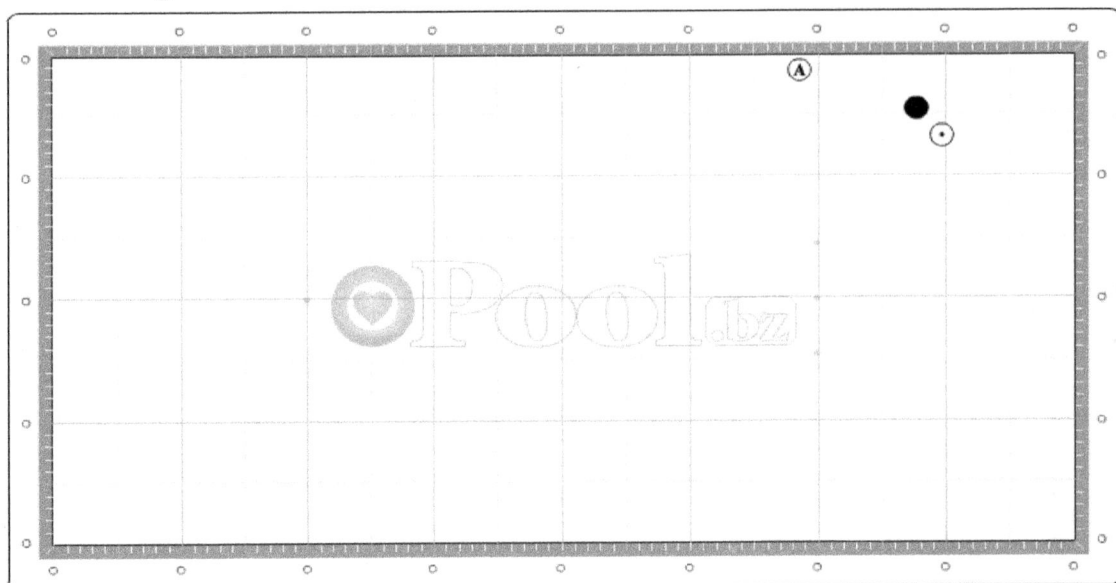

Notizen und Ideen:

Schussmuster

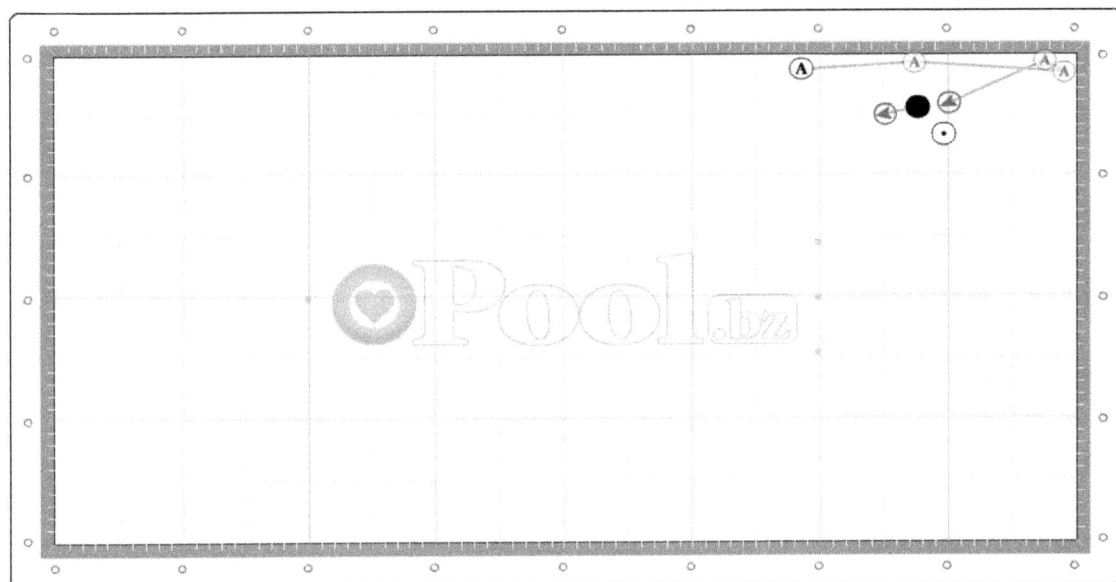

A:3d – Konfiguration

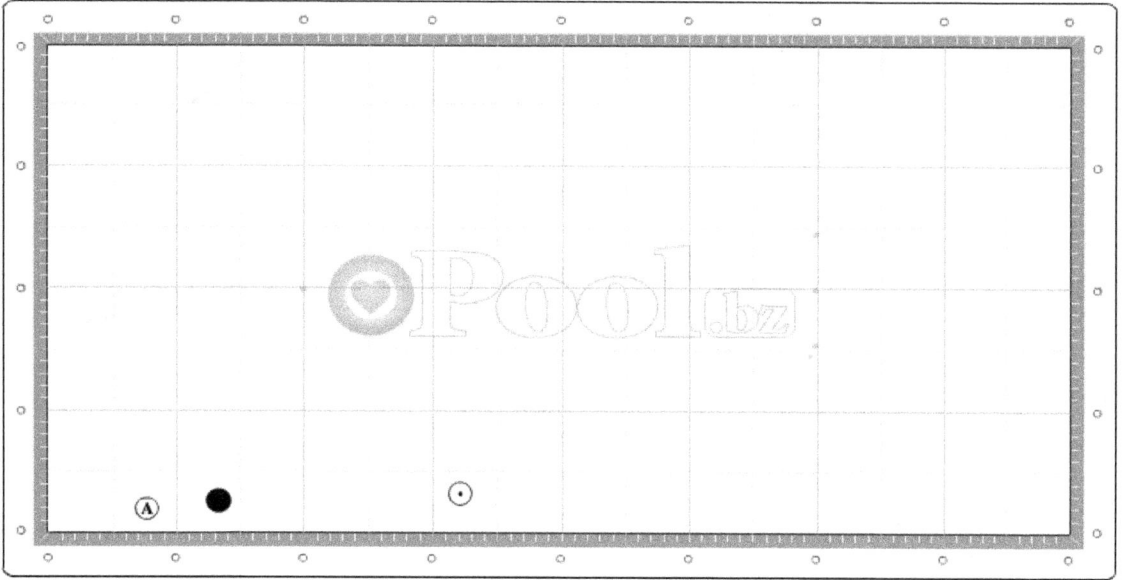

Notizen und Ideen:

Schussmuster

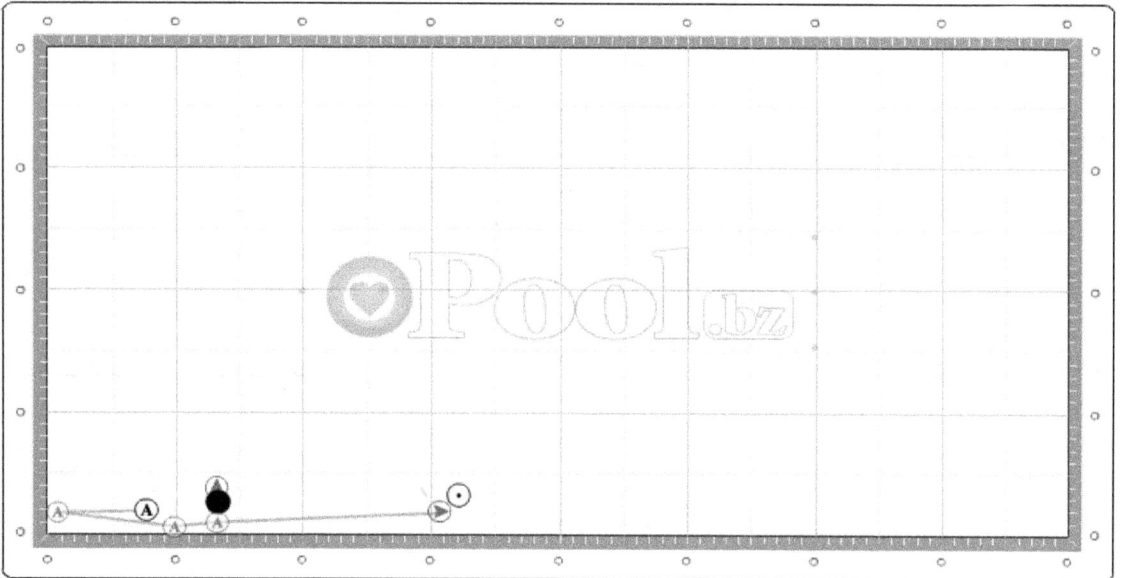

A: Gruppe 4

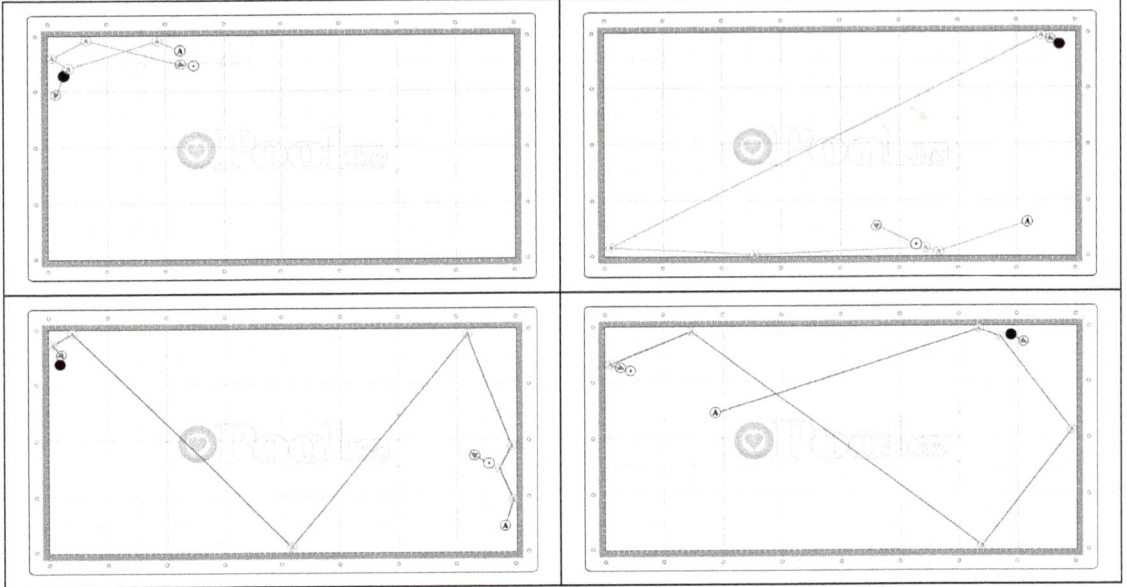

Analyse:

A:4a. _____

A:4b. _____

A:4c. _____

A:4d. _____

A:4a – Konfiguration

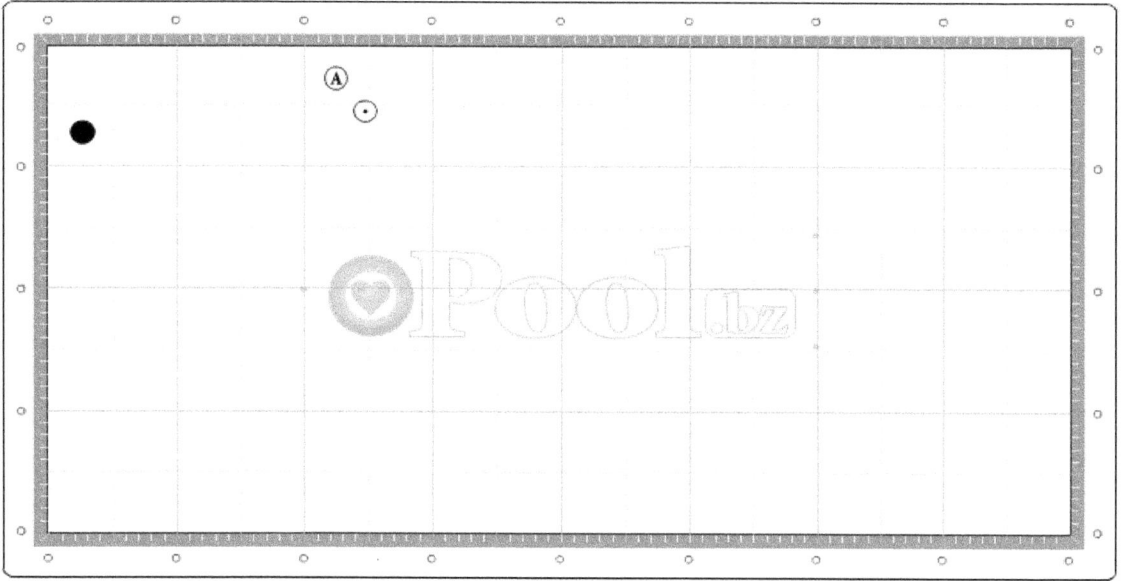

Notizen und Ideen:

Schussmuster

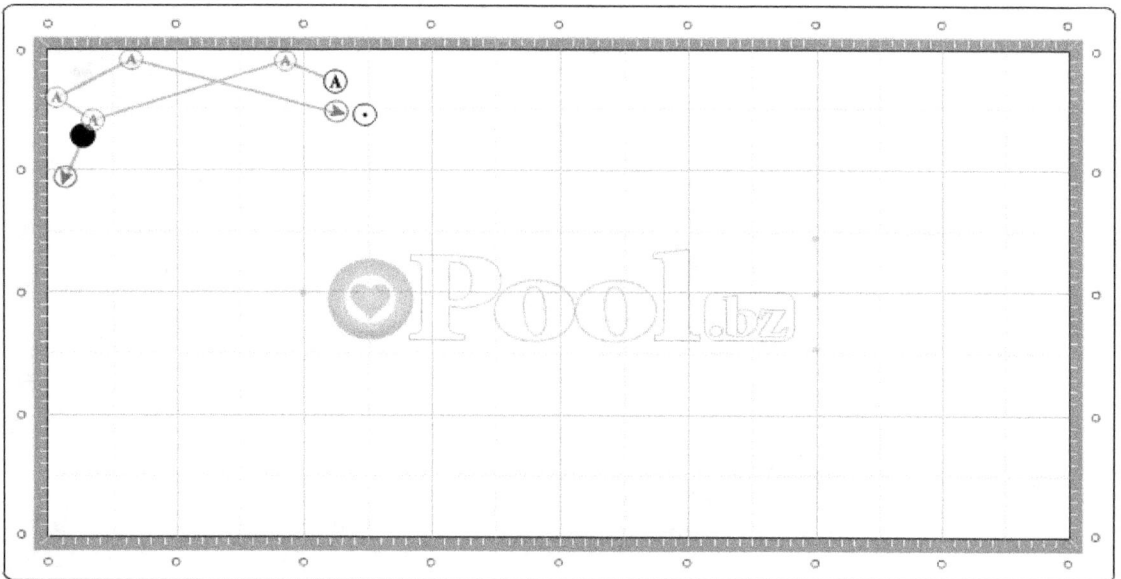

A:4b – Konfiguration

Notizen und Ideen:

Schussmuster

A:4c – Konfiguration

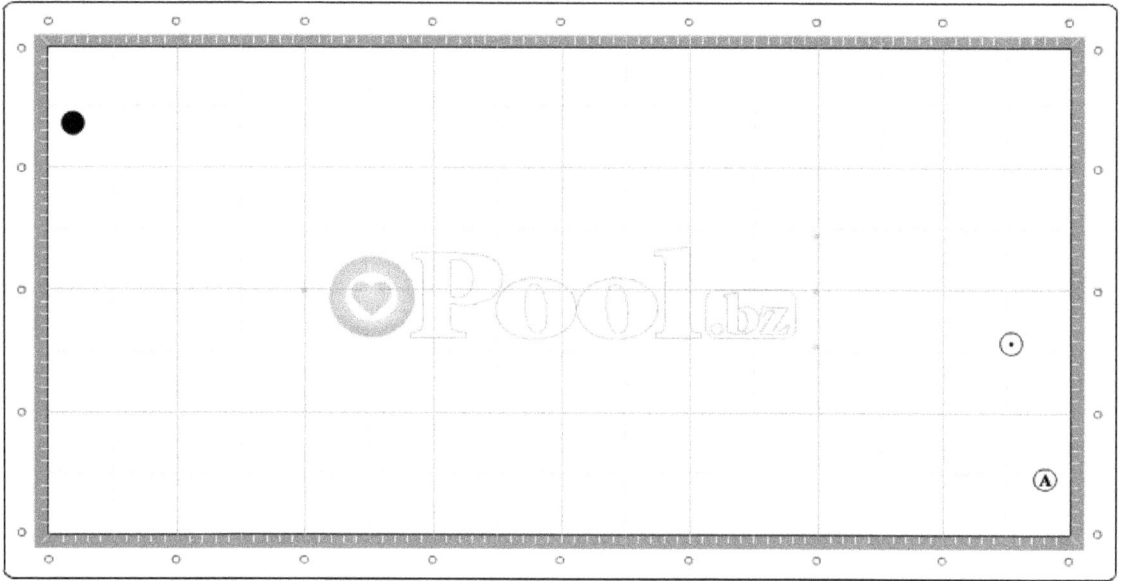

Notizen und Ideen:

Schussmuster

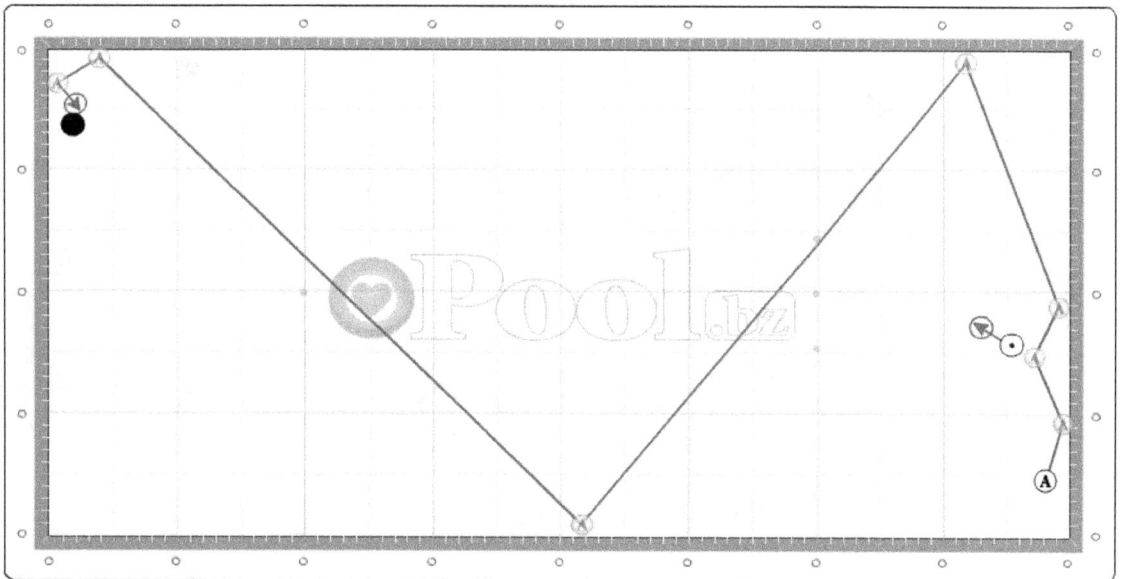

A:4d – Konfiguration

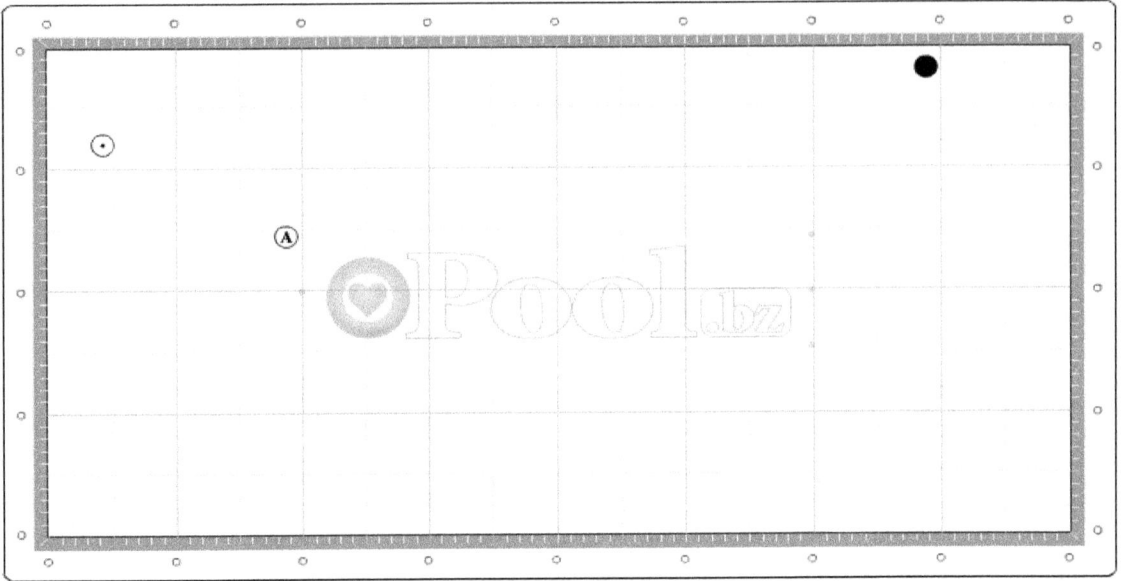

Notizen und Ideen:

Schussmuster

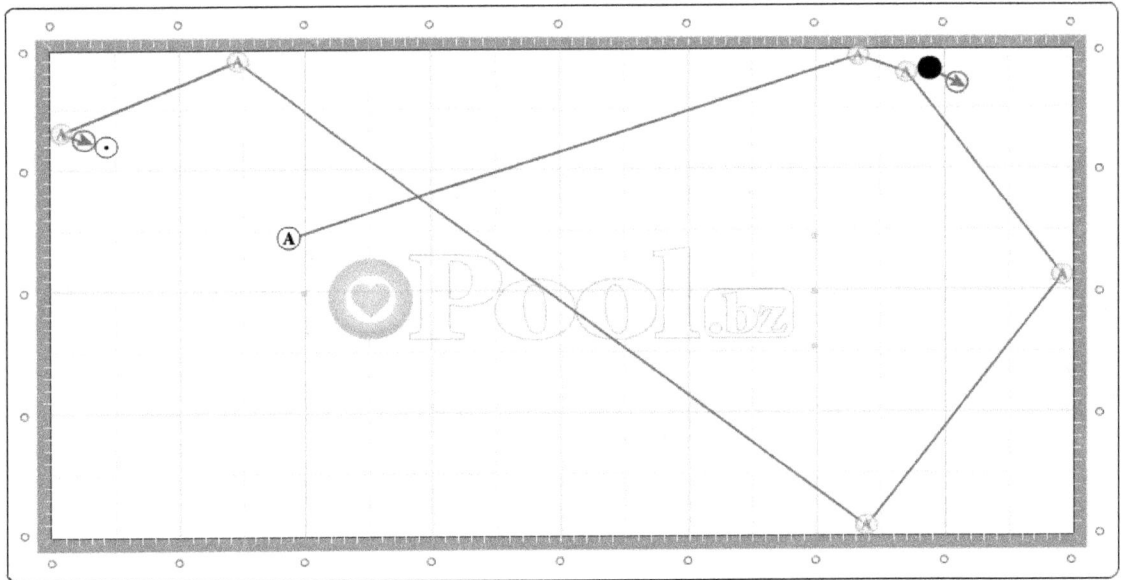

B: Oben und unten an der Seite

Der (CB) verwendet seitlichen Spin, um alle band kontakte entlang eines band zu bilden.

Ⓐ (CB) (Ihre Billardkugel) - ☉ (OB) (Gegner Billardkugel) - ⬤ (OB) (rote Billardkugel)

B: Gruppe 1

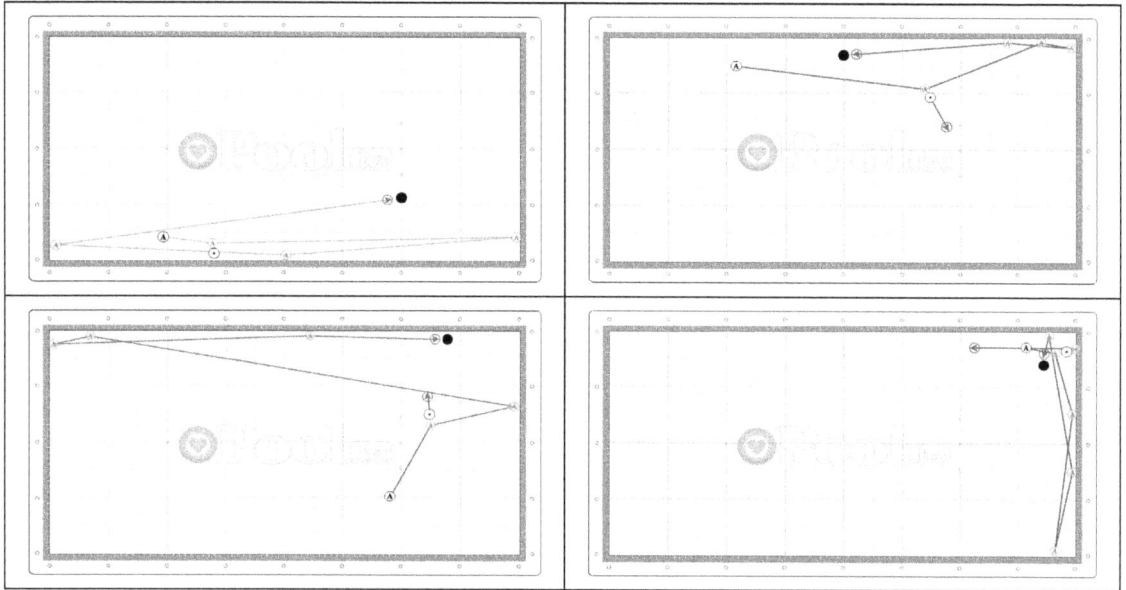

Analyse:

B:1a. _____

B:1b. _____

B:1c. _____

B:1d. _____

B:1a – Konfiguration

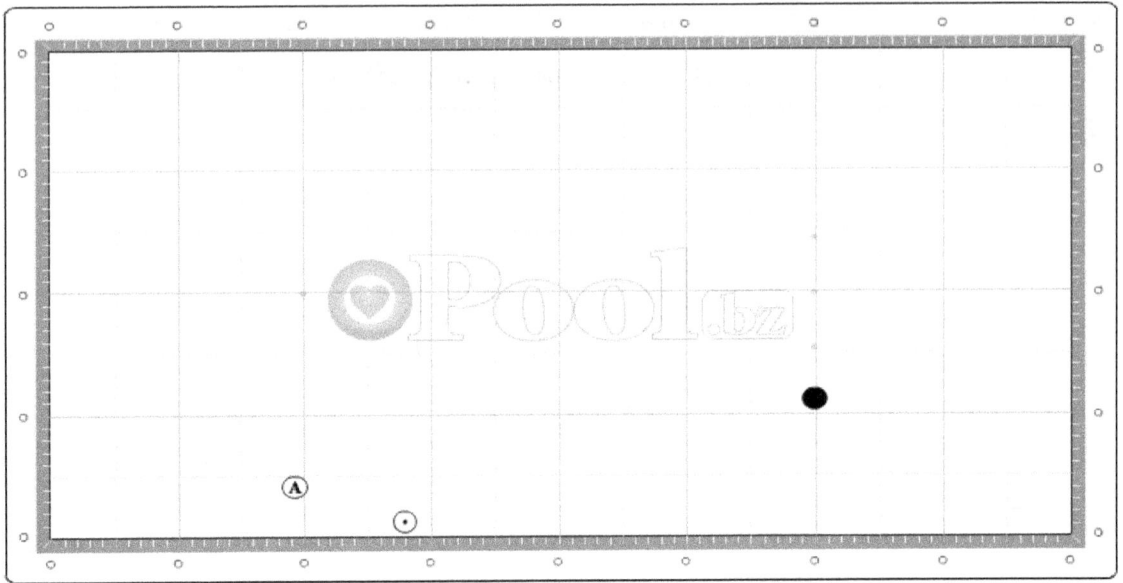

Notizen und Ideen:

Schussmuster

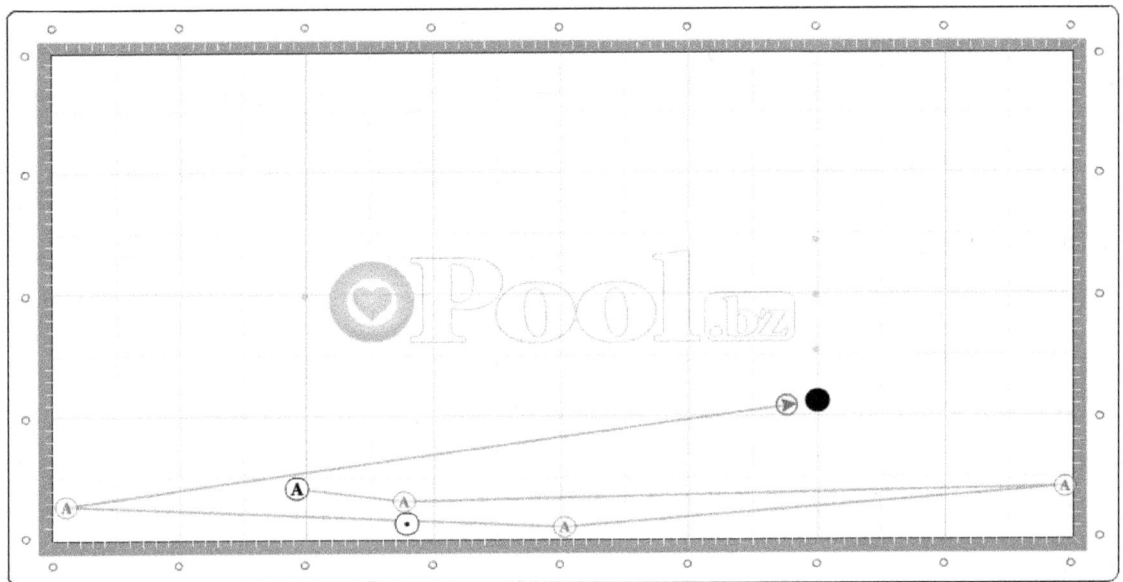

B:1b – Konfiguration

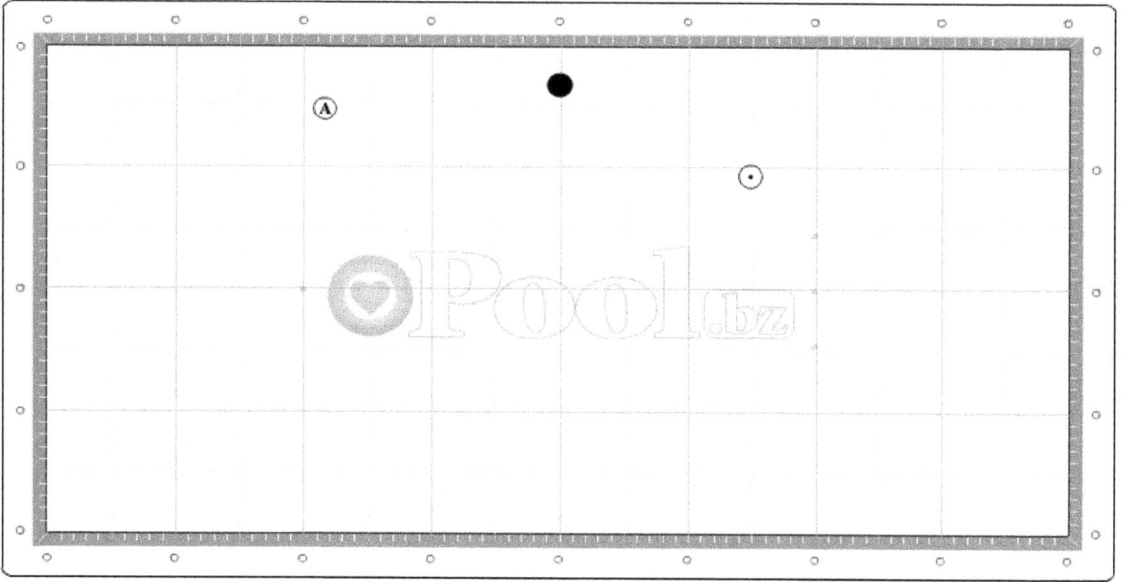

Notizen und Ideen:

Schussmuster

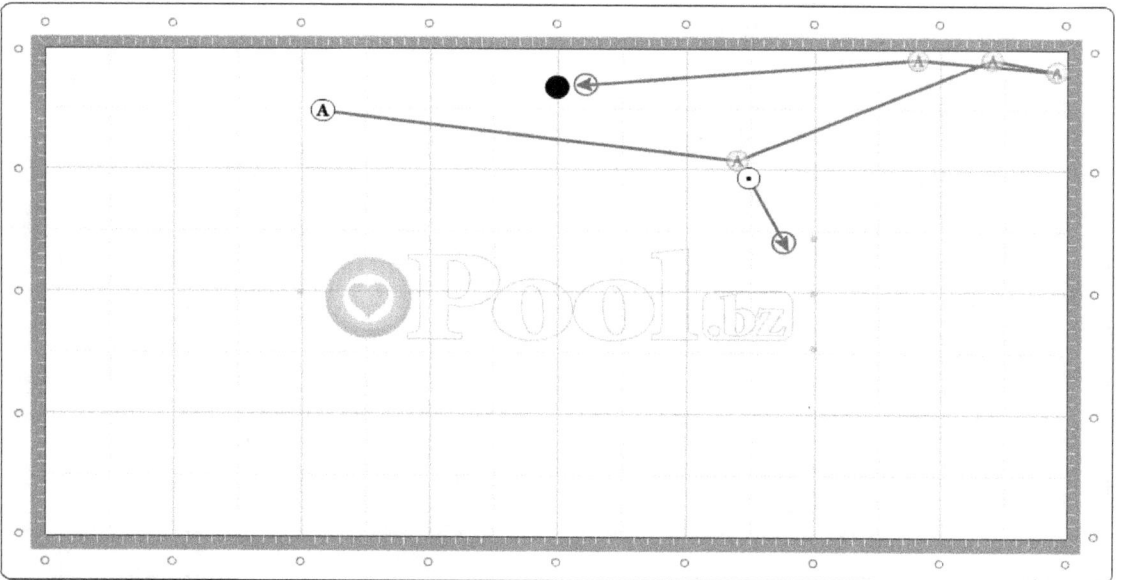

B:1c – Konfiguration

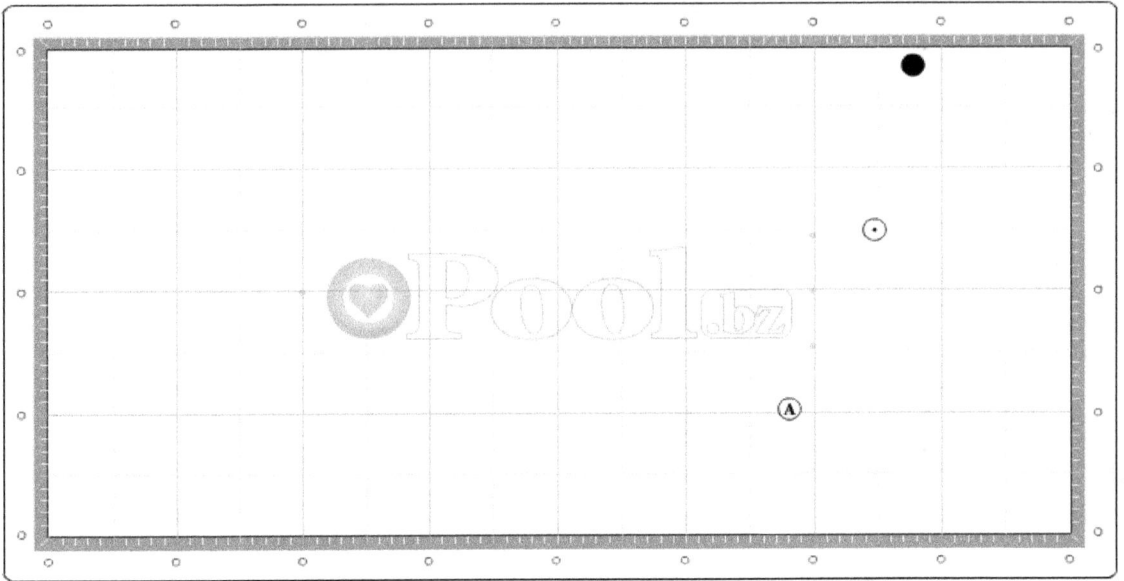

Notizen und Ideen:

Schussmuster

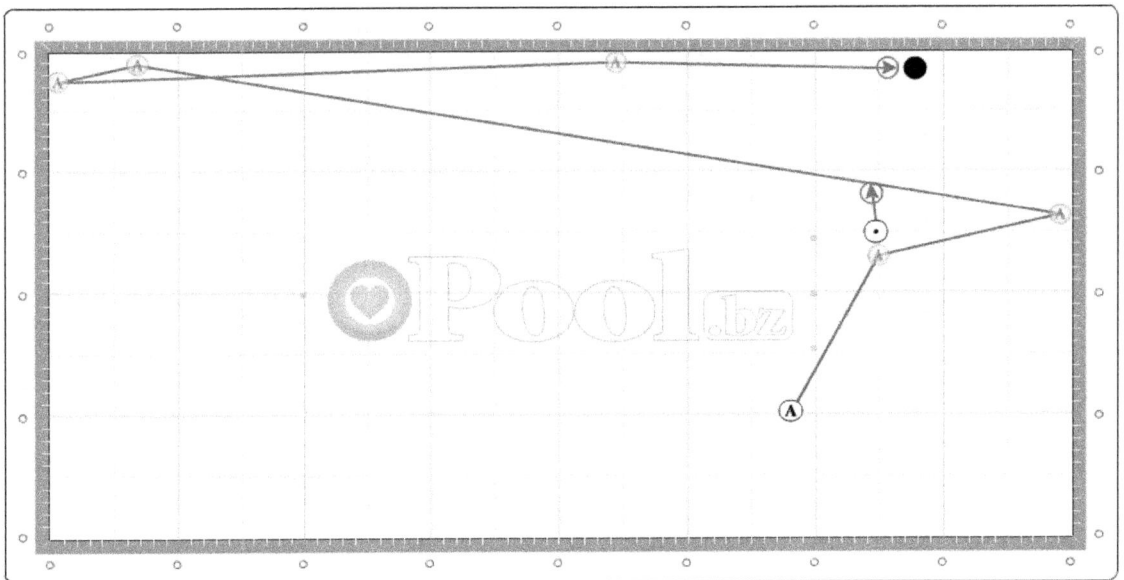

B:1d – Konfiguration

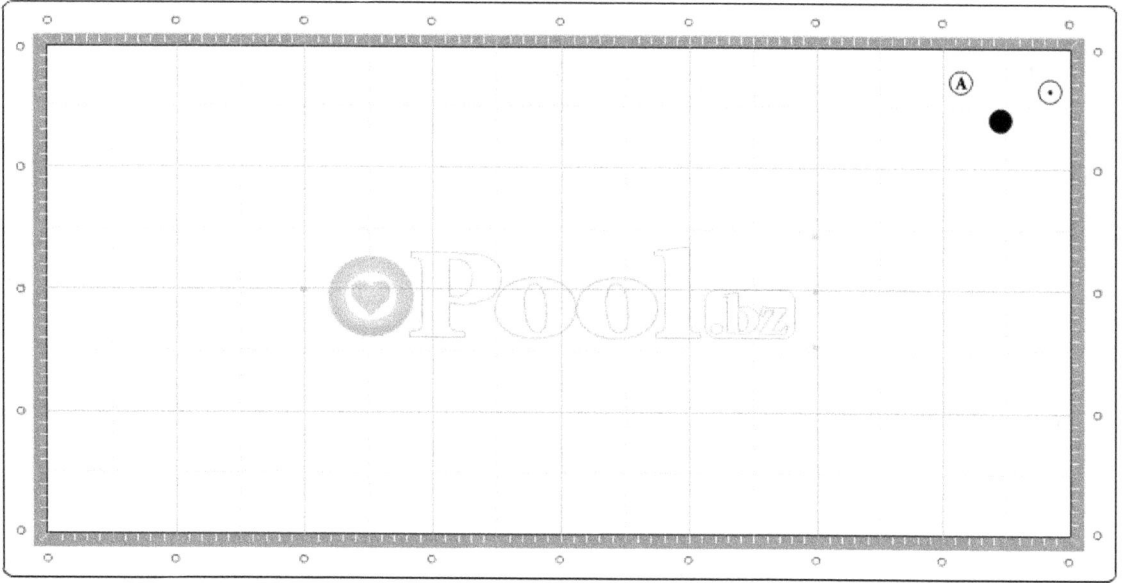

Notizen und Ideen:

Schussmuster

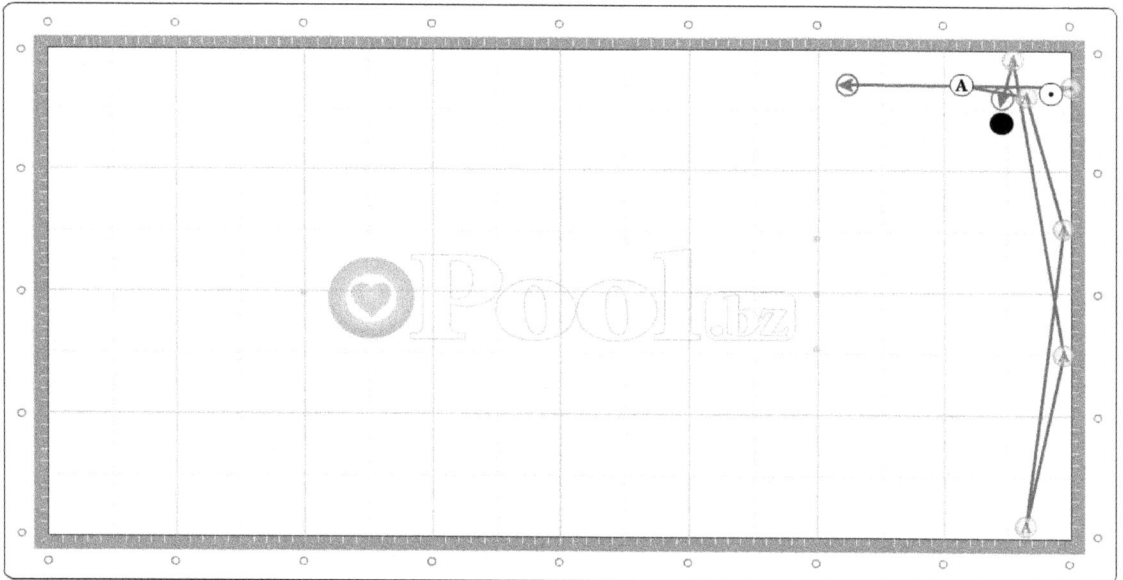

B: Gruppe 2

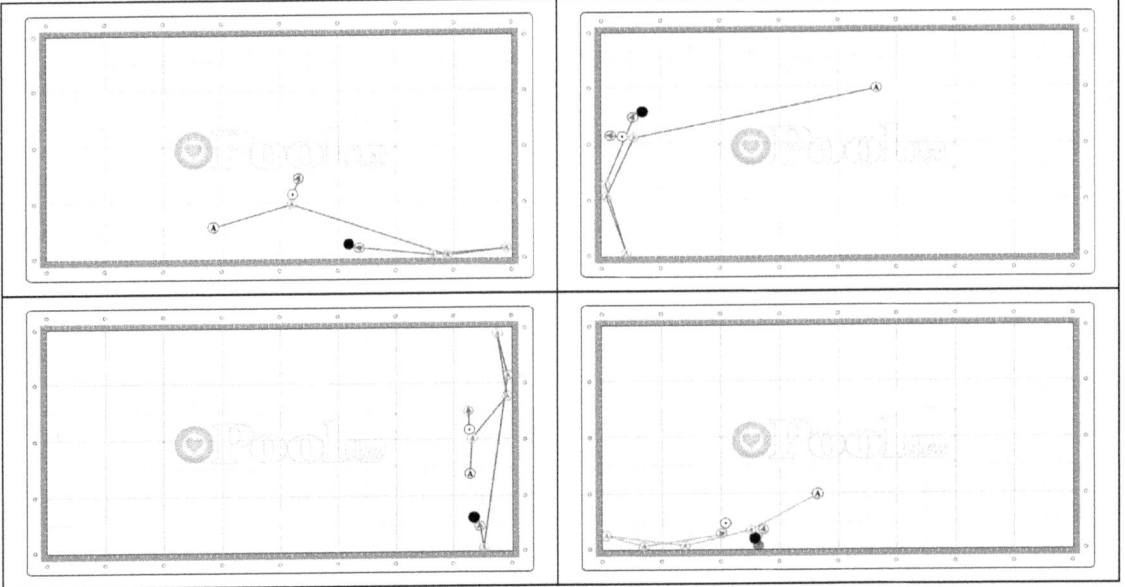

Analyse:

A:1a. _____

A:1b. _____

A:1c. _____

A:1d. _____

B:2a – Konfiguration

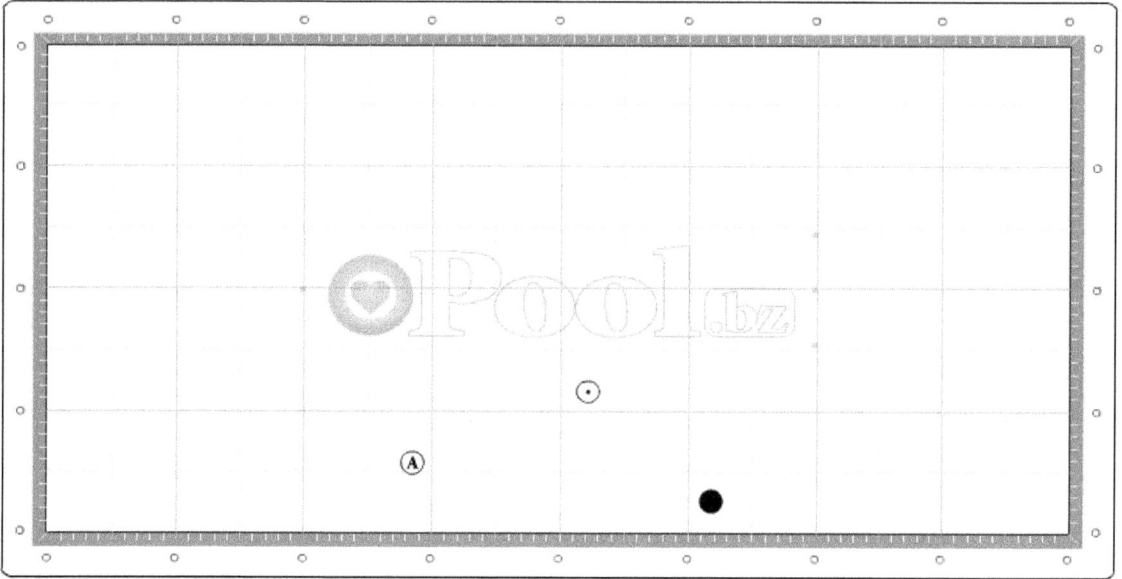

Notizen und Ideen:

Schussmuster

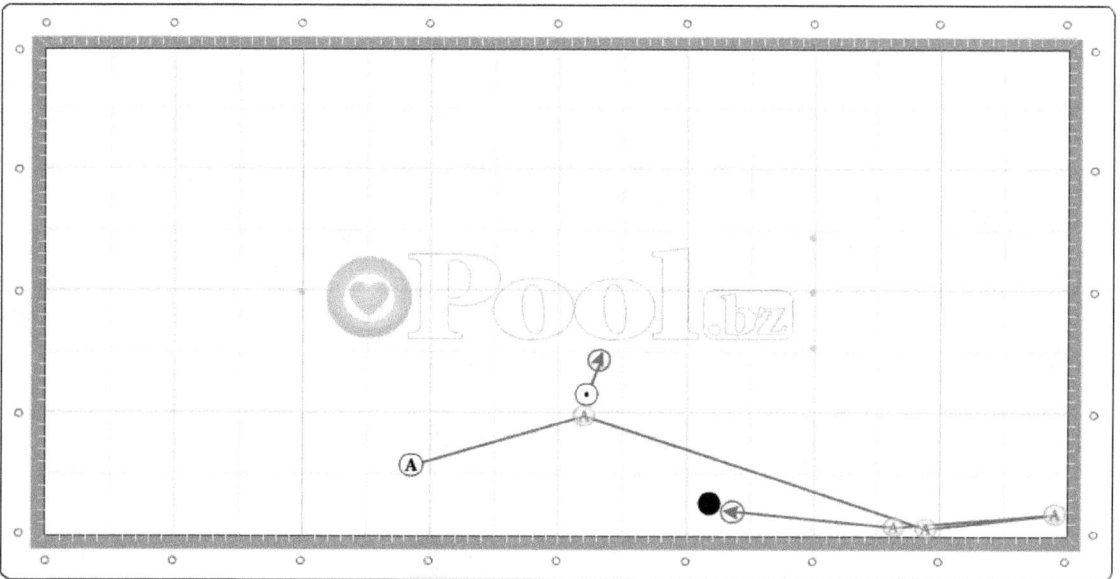

B:2b – Konfiguration

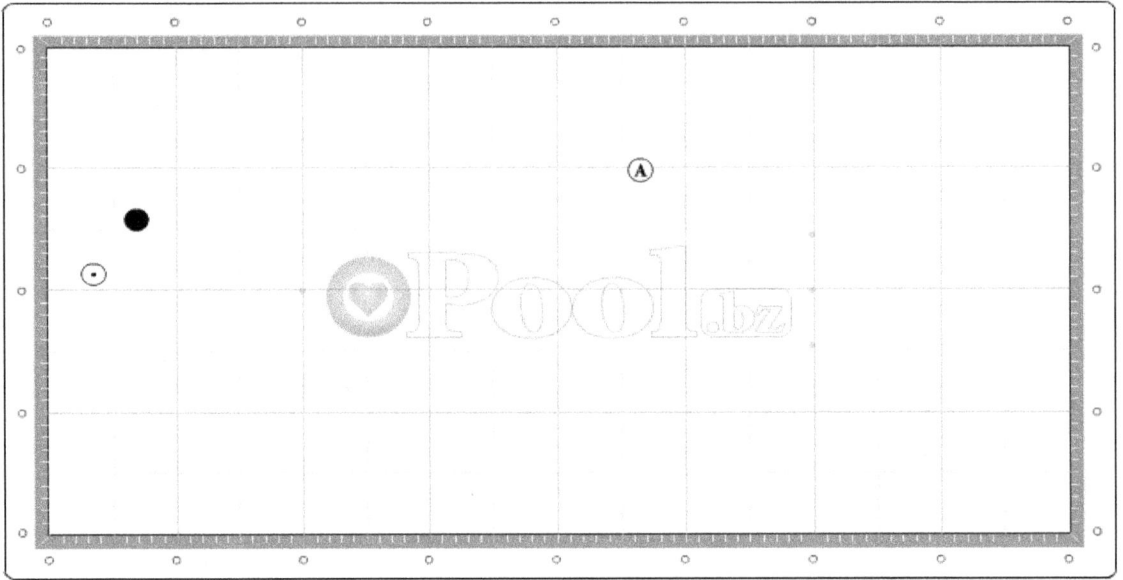

Notizen und Ideen:

Schussmuster

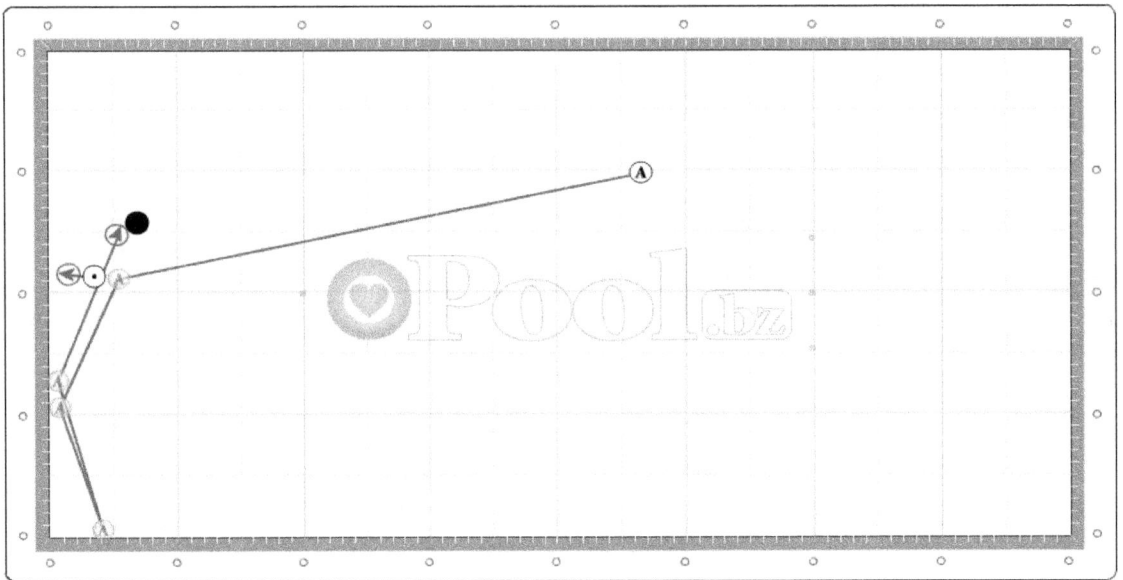

B:2c – Konfiguration

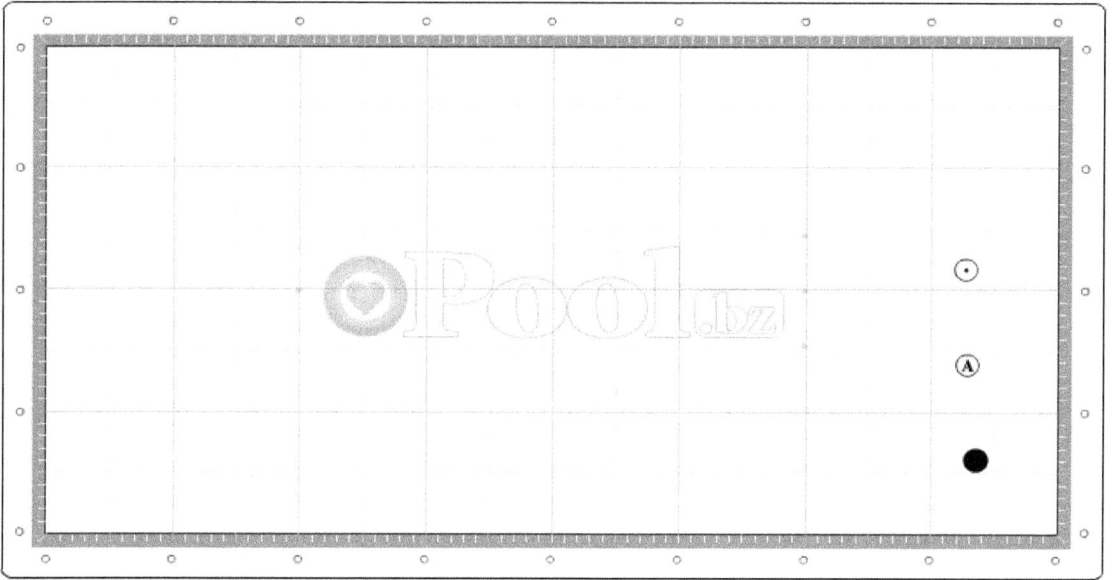

Notizen und Ideen:

Schussmuster

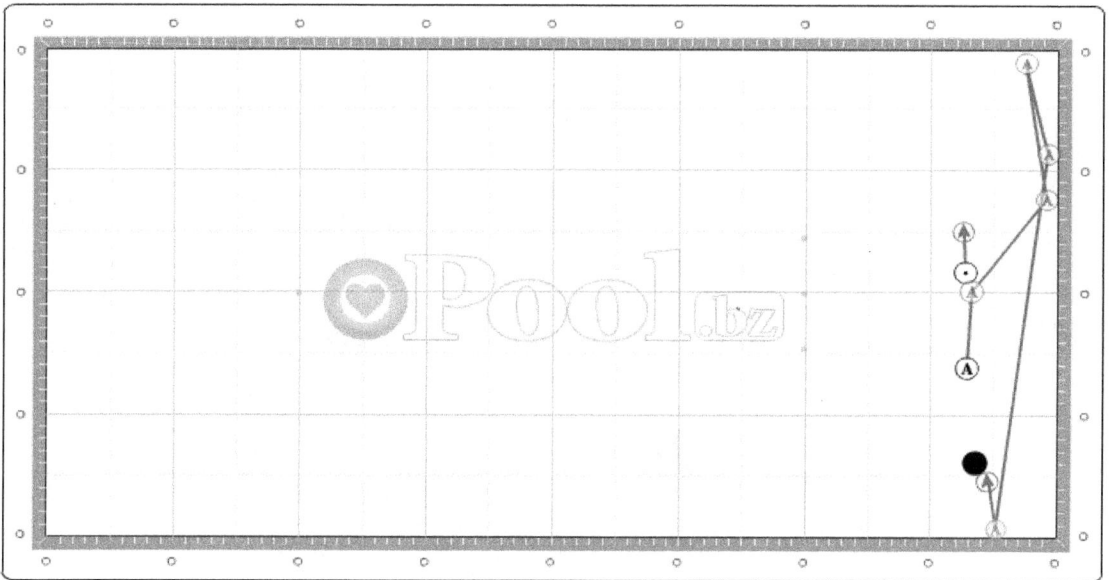

B:2d – Konfiguration

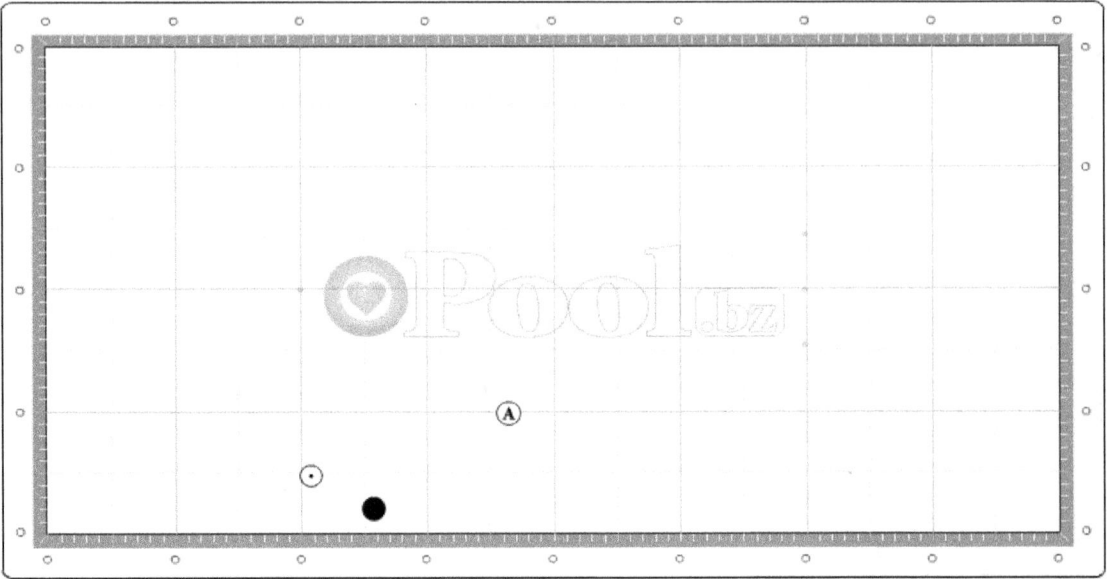

Notizen und Ideen:

Schussmuster

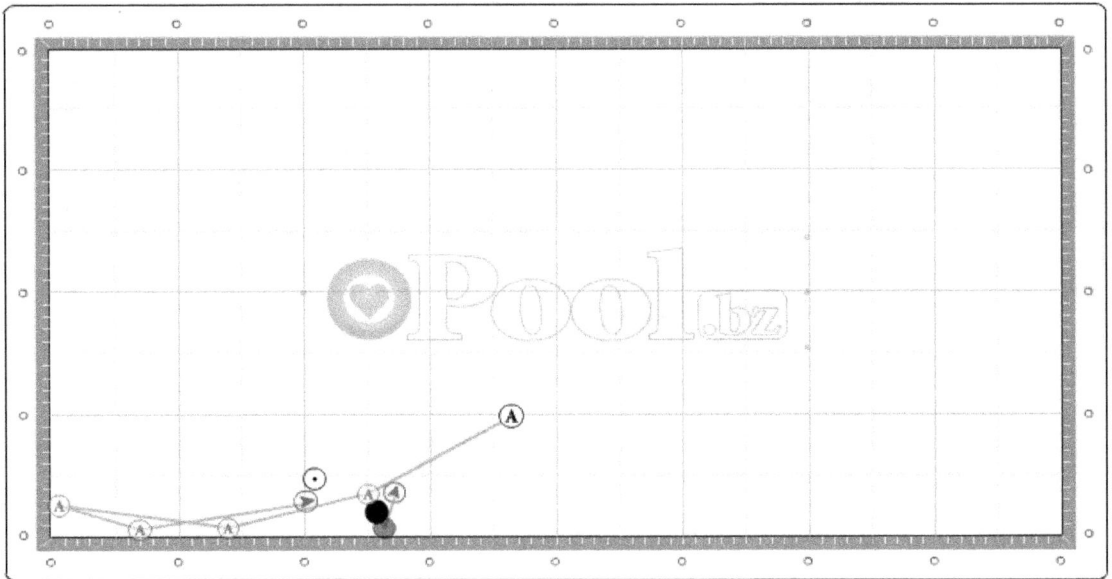

B: Gruppe 3

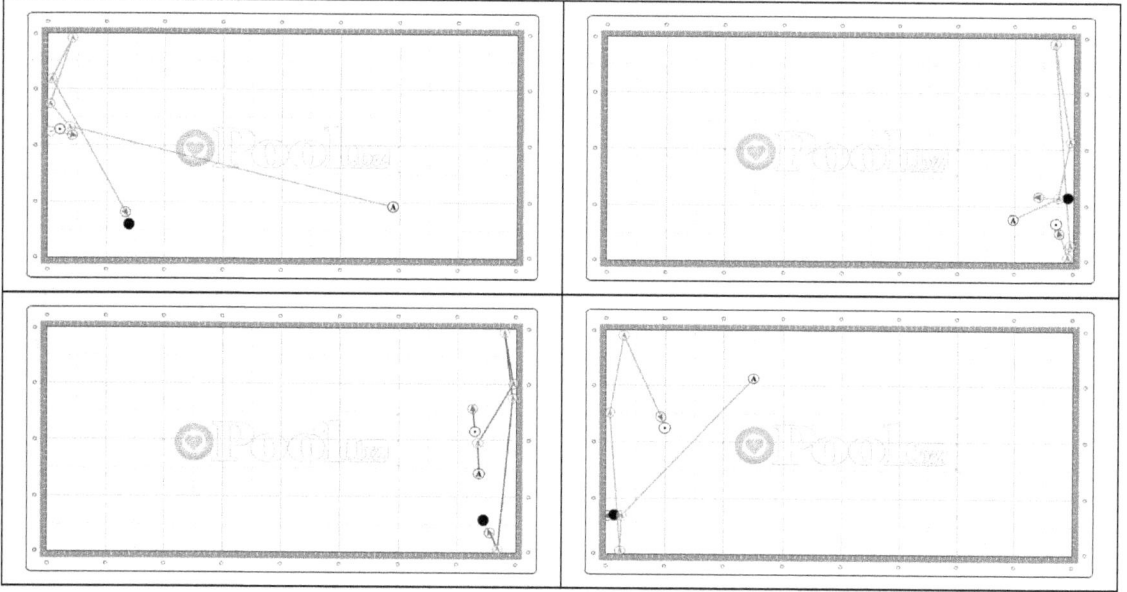

Analyse:

B:3a. _____

B:3b. _____

B:3c. _____

B:3d. _____

B:3a – Konfiguration

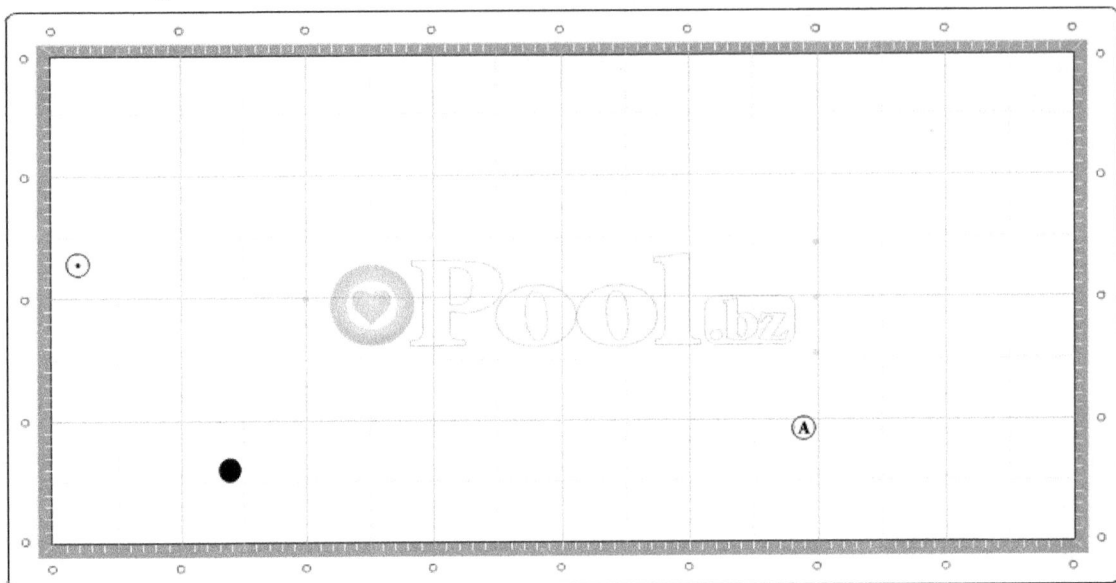

Notizen und Ideen:

Schussmuster

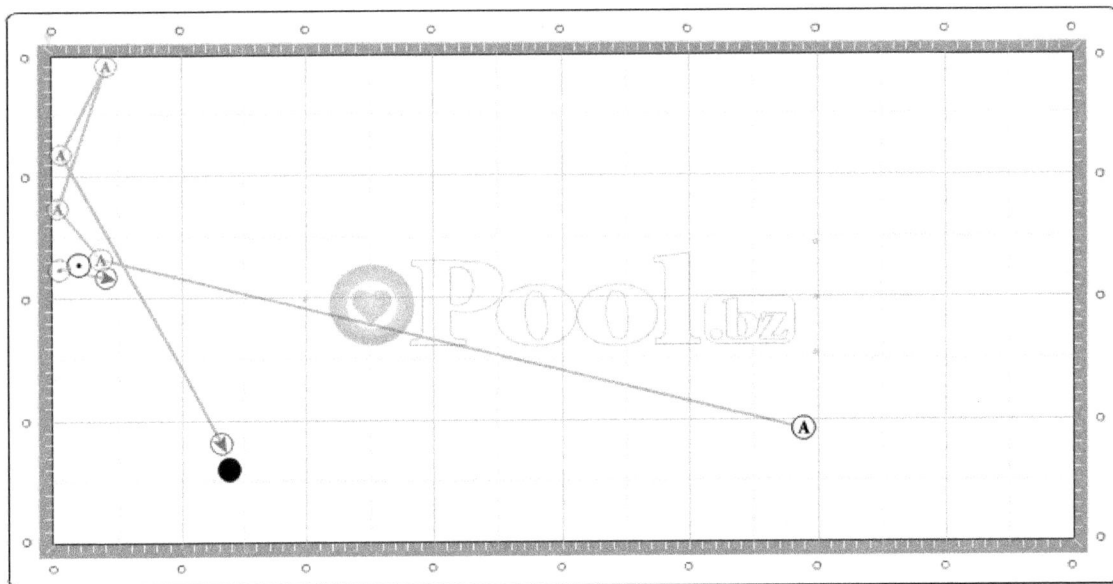

B:3b – Konfiguration

Notizen und Ideen:

Schussmuster

B:3c – Konfiguration

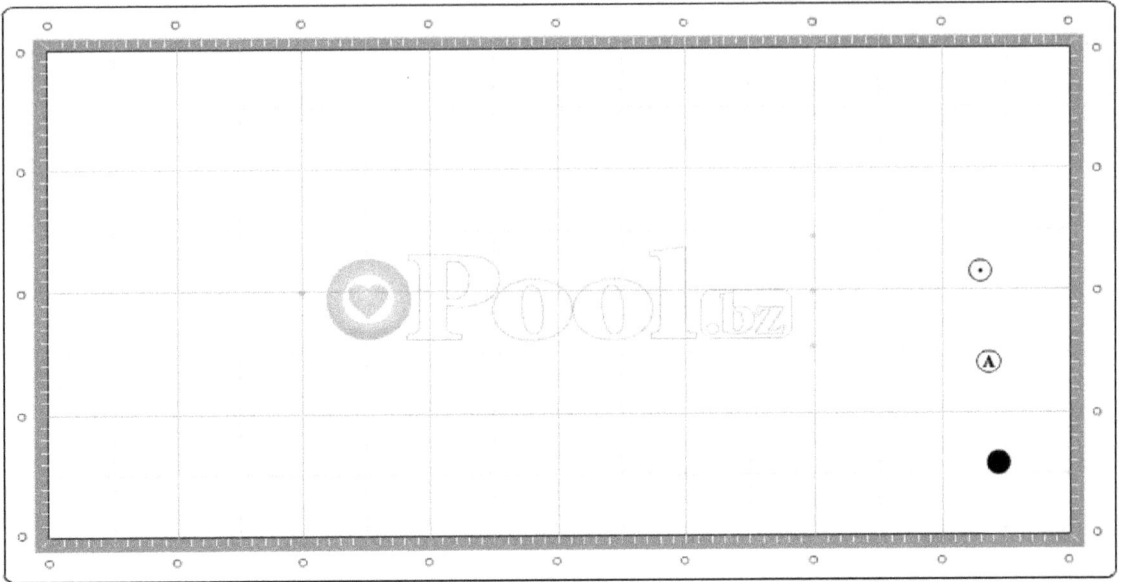

Notizen und Ideen:

Schussmuster

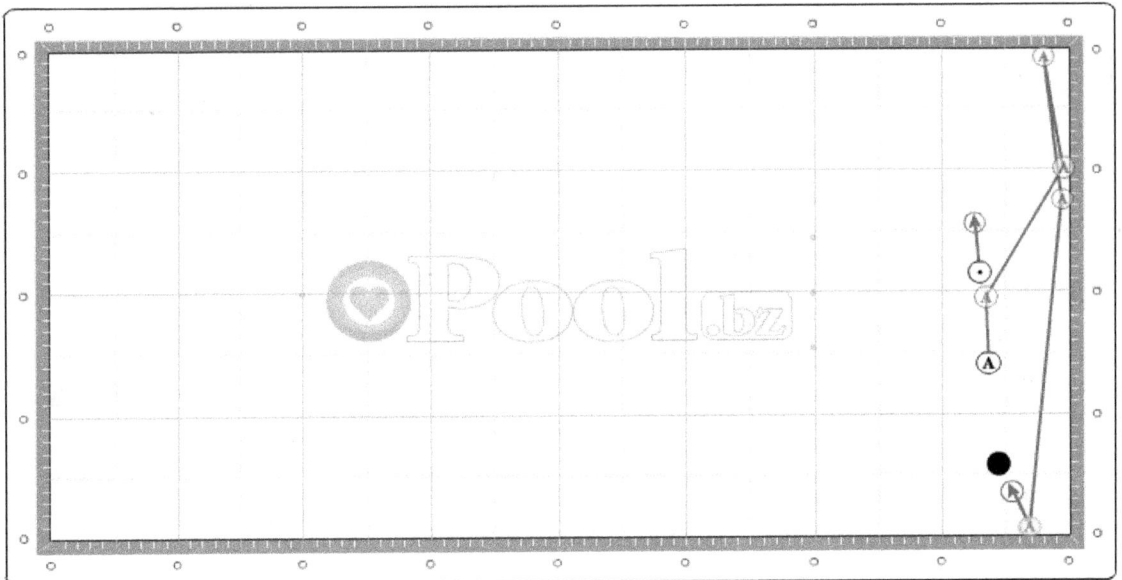

B:3d – Konfiguration

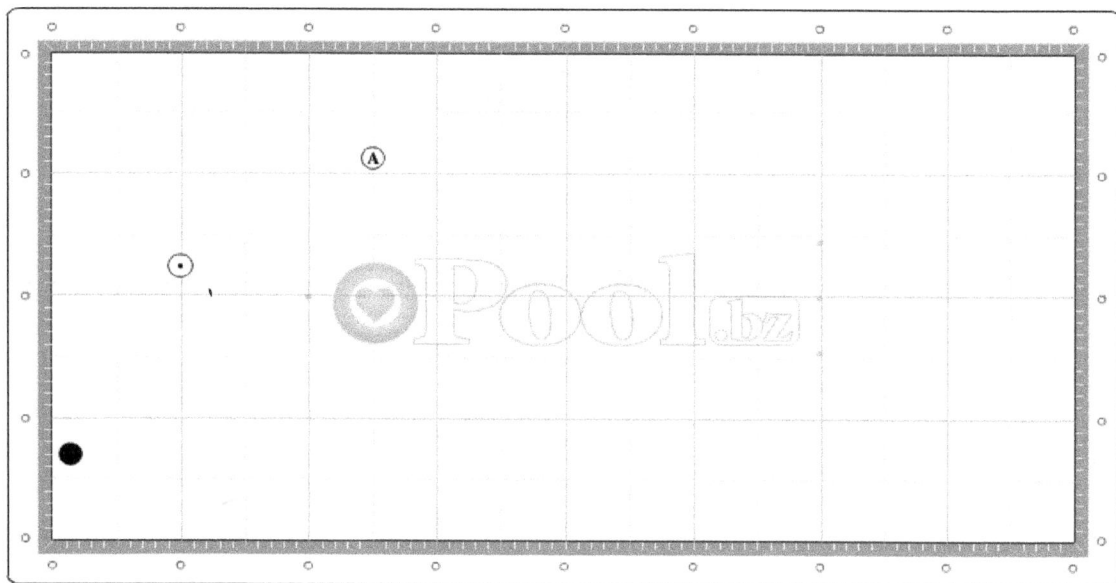

Notizen und Ideen:

Schussmuster

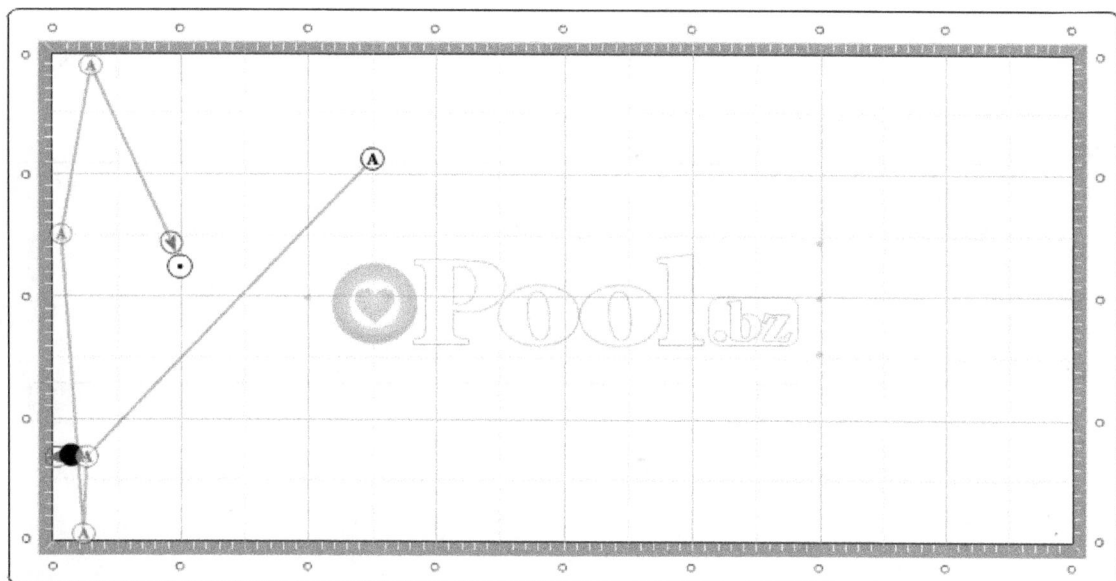

B: Gruppe 4

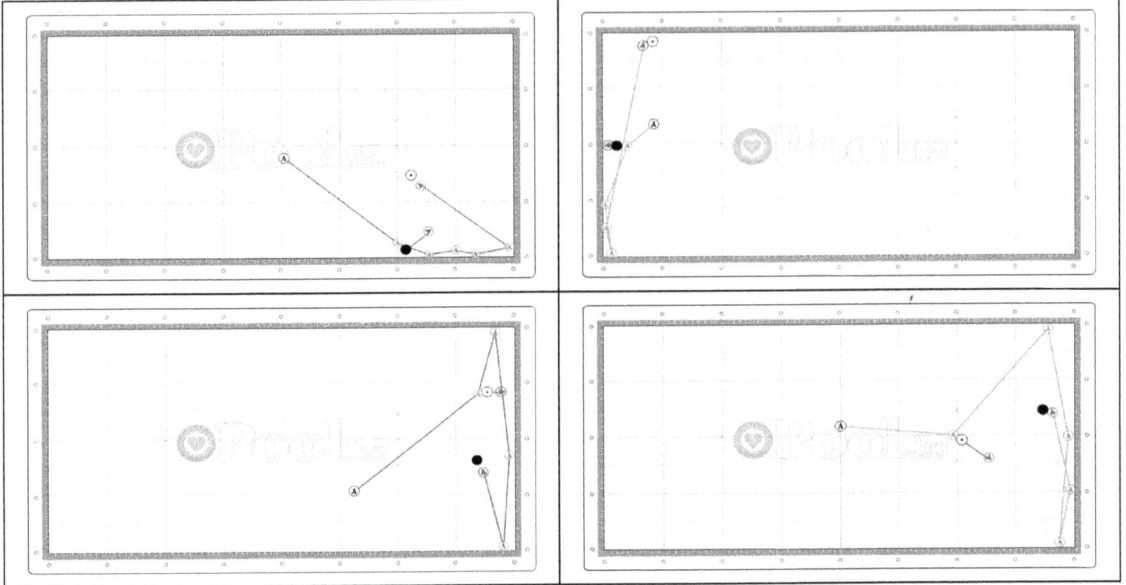

Analyse:

B:4a. _____

B:4b. _____

B:4c. _____

B:4d. _____

B:4a – Konfiguration

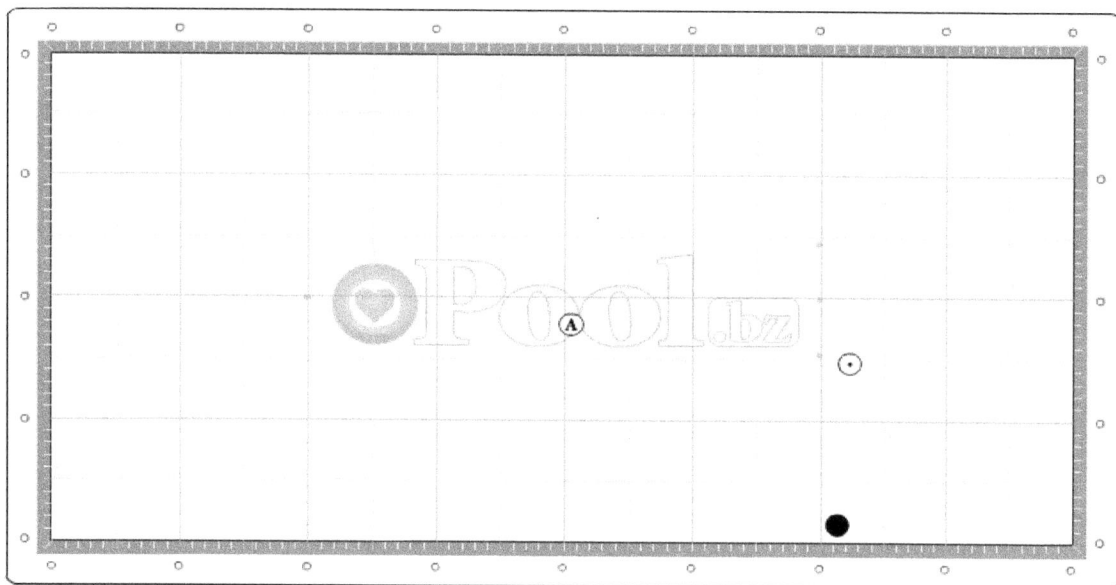

Notizen und Ideen:

Schussmuster

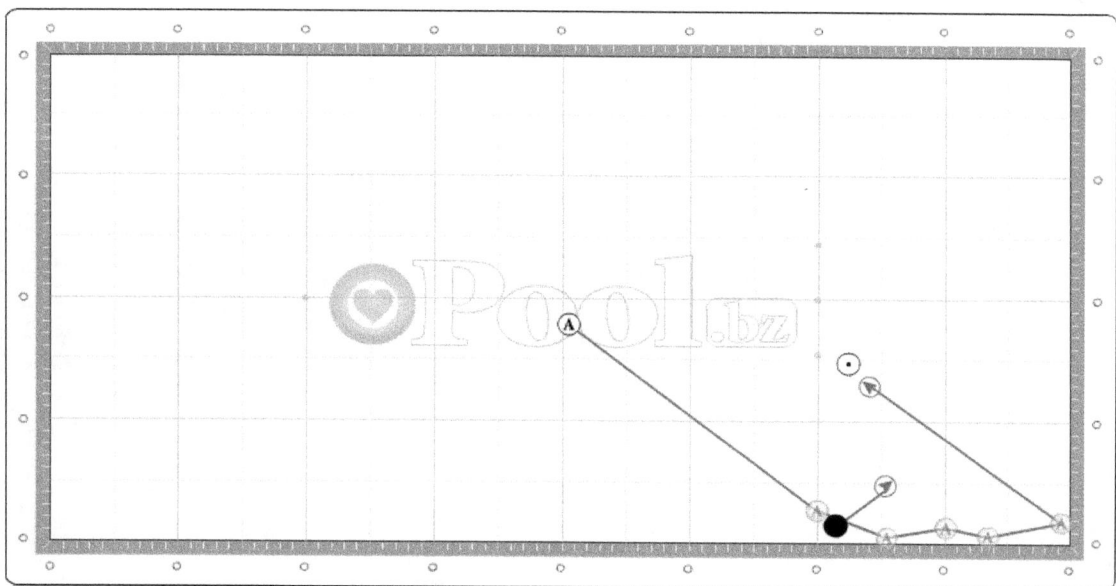

B:4b – Konfiguration

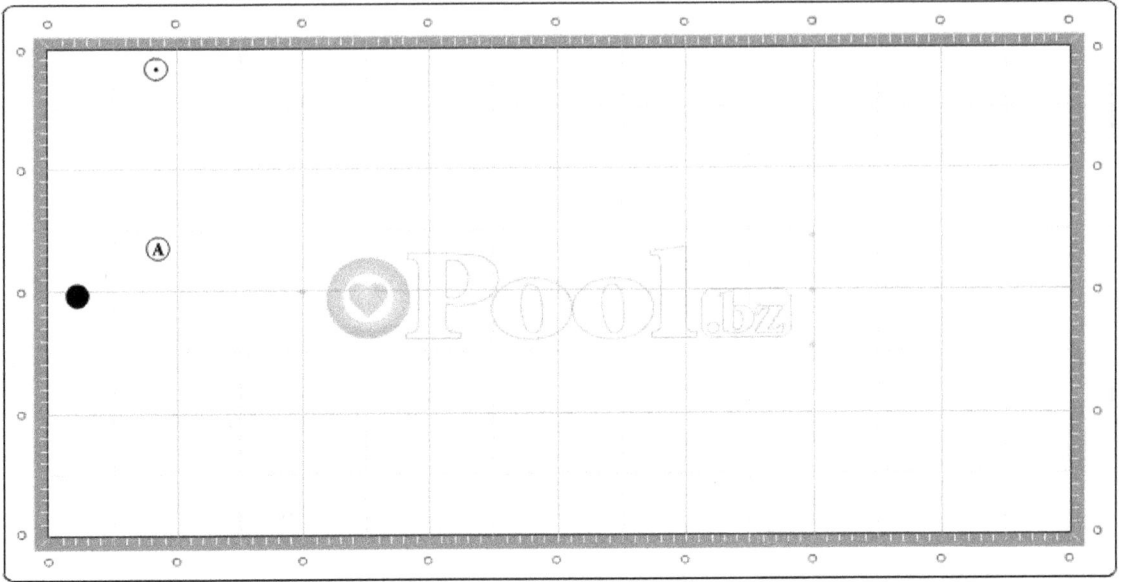

Notizen und Ideen:

Schussmuster

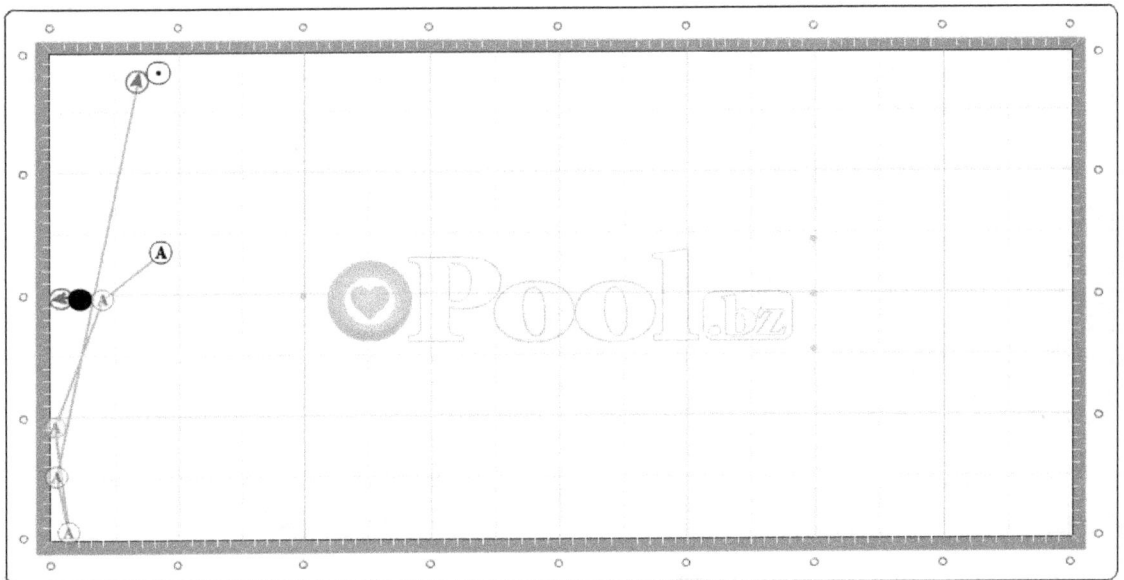

B:4c – Konfiguration

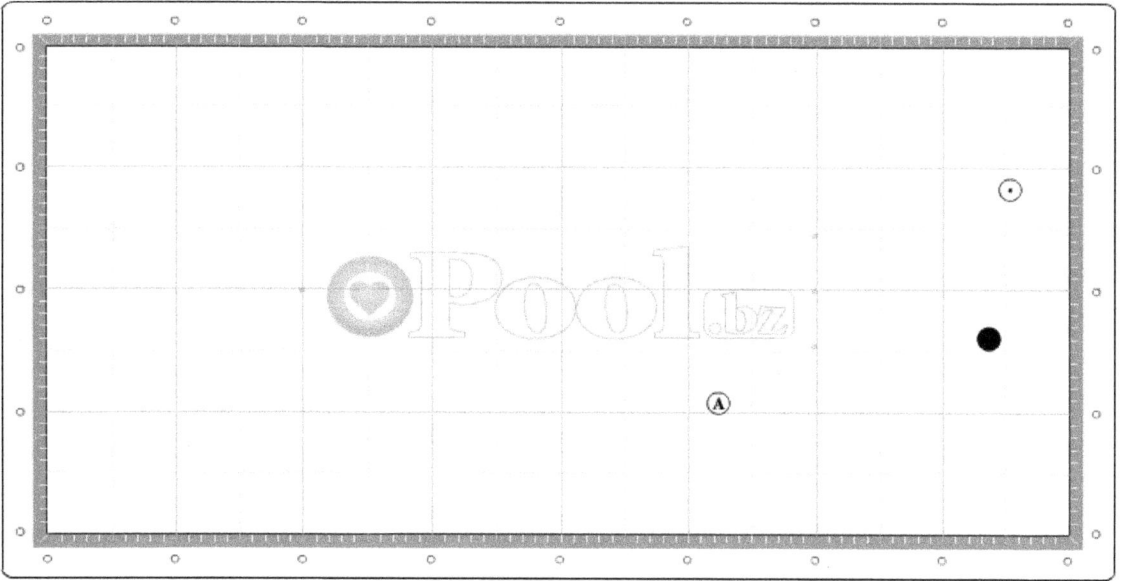

Notizen und Ideen:

Schussmuster

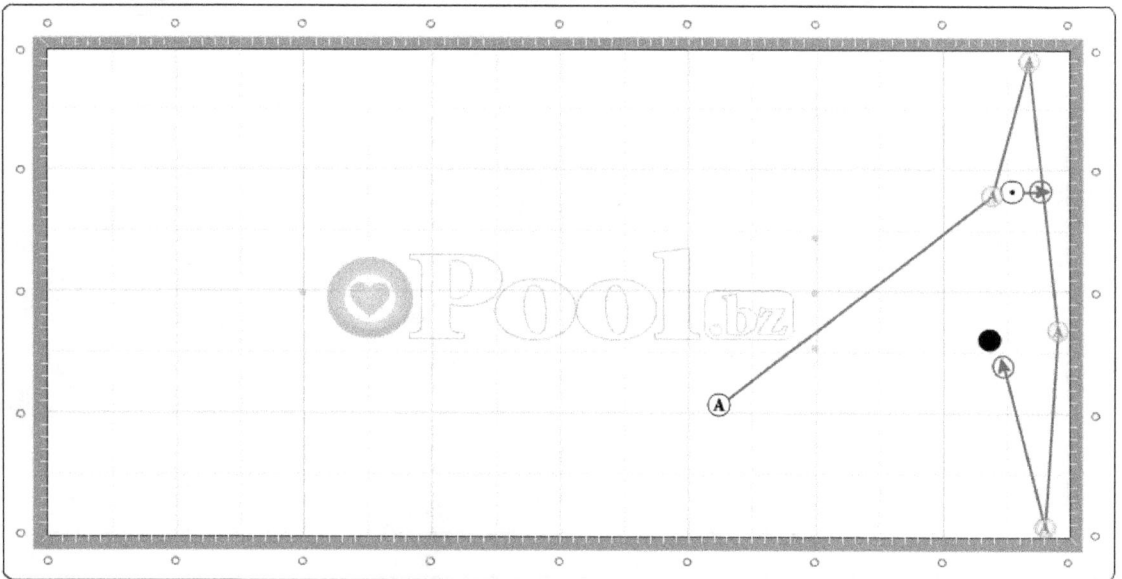

B:4d – Konfiguration

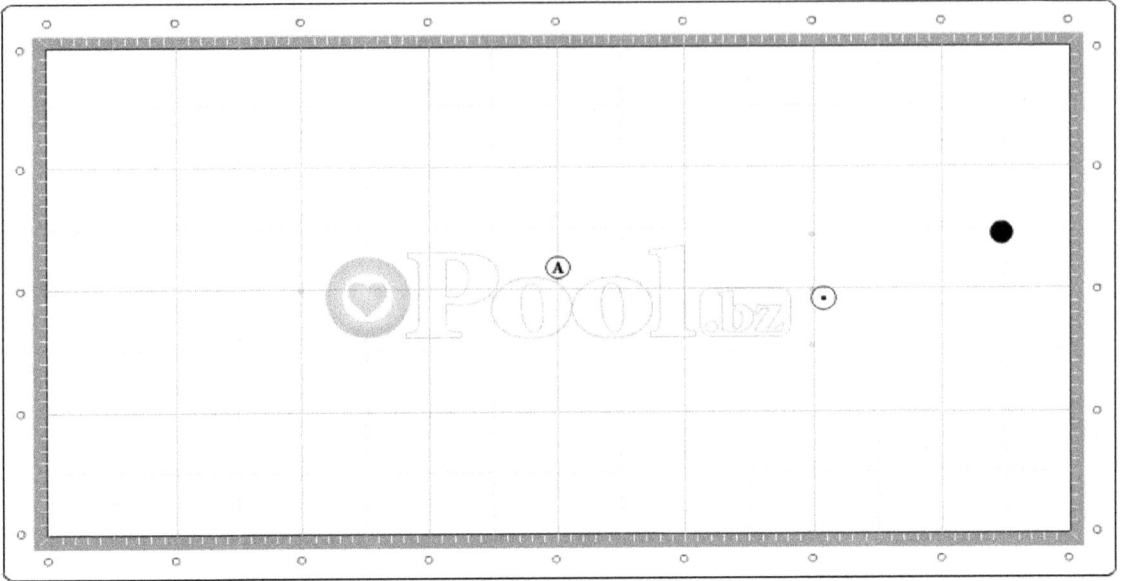

Notizen und Ideen:

Schussmuster

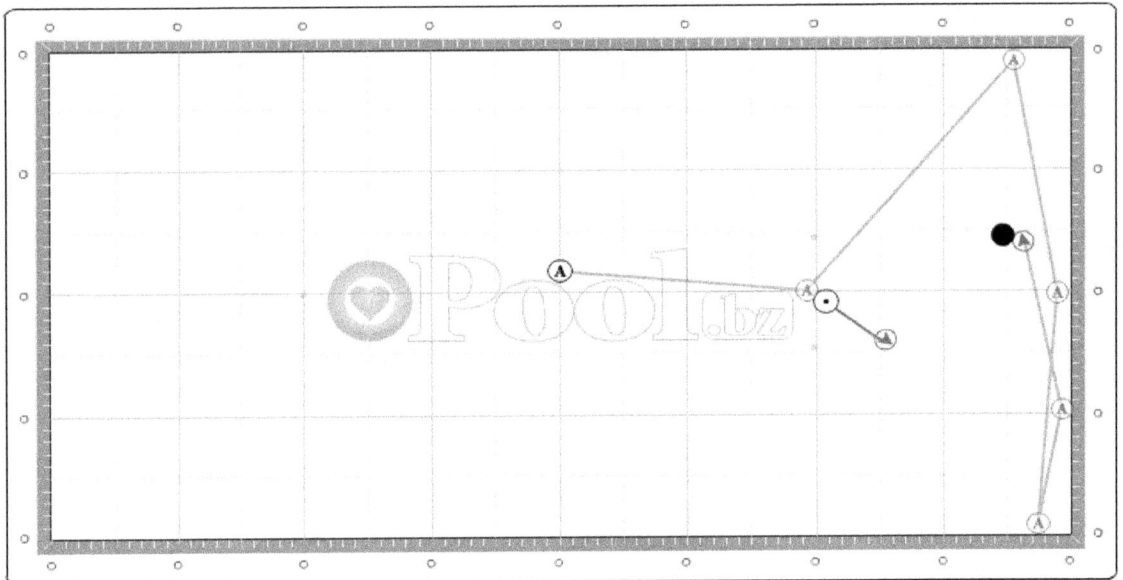

C: Zicking und Zacking

Der (CB) muss viele Male hin und her, Seite zu Seite, hin und her reisen. Das macht viel Spaß beim Experimentieren.

(A) (CB) (Ihre Billardkugel) - ⊙ (OB) (Gegner Billardkugel) - ● (OB) (rote Billardkugel)

C: Gruppe 1

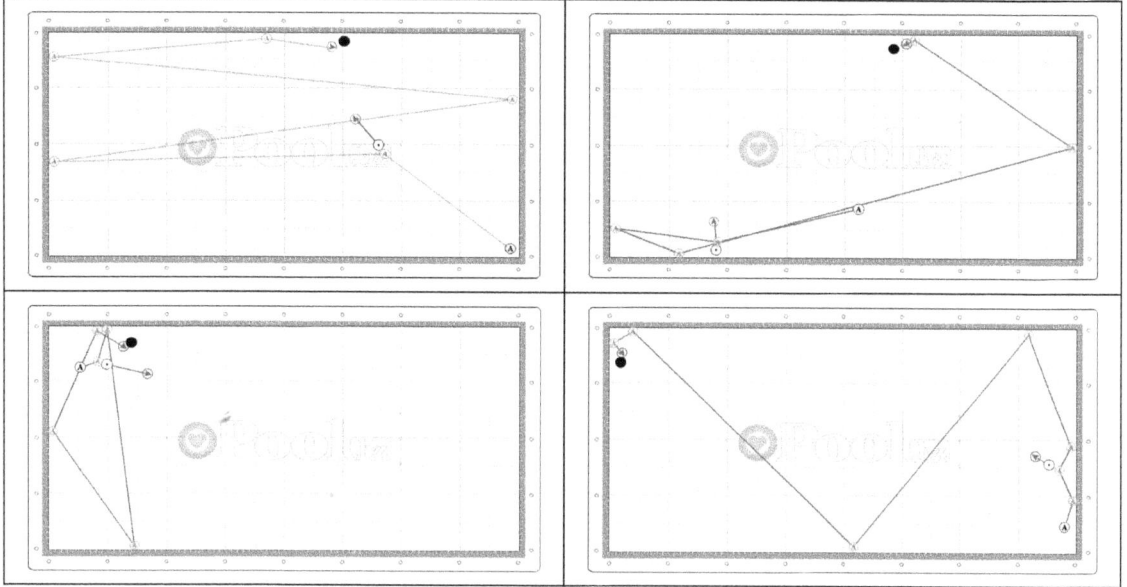

Analyse:

C:1a. _____

C:1b. _____

C:1c. _____

C:1d. _____

C:1a – Konfiguration

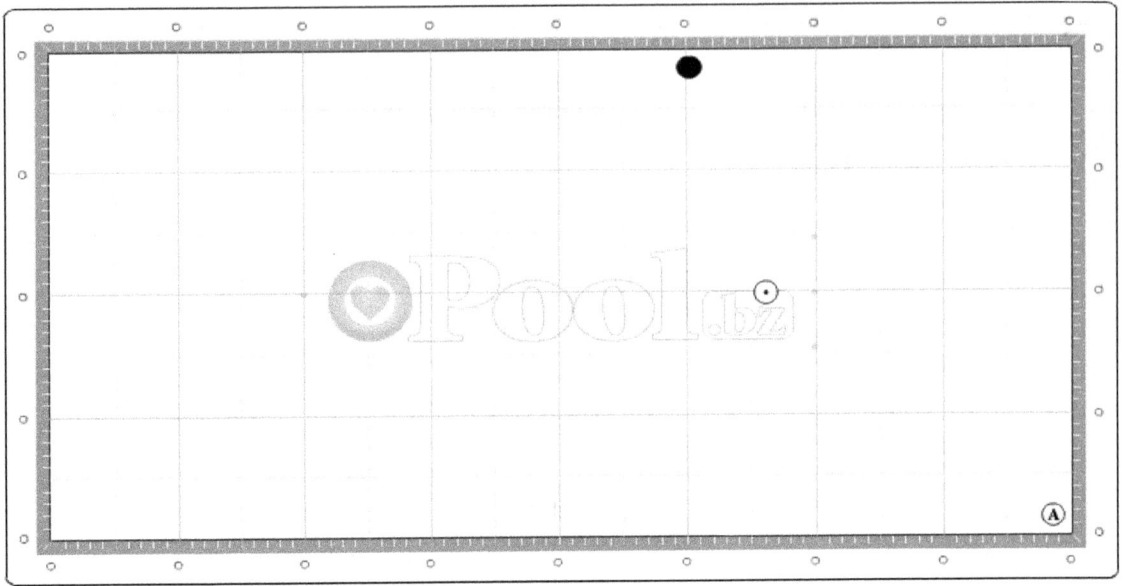

Notizen und Ideen:

Schussmuster

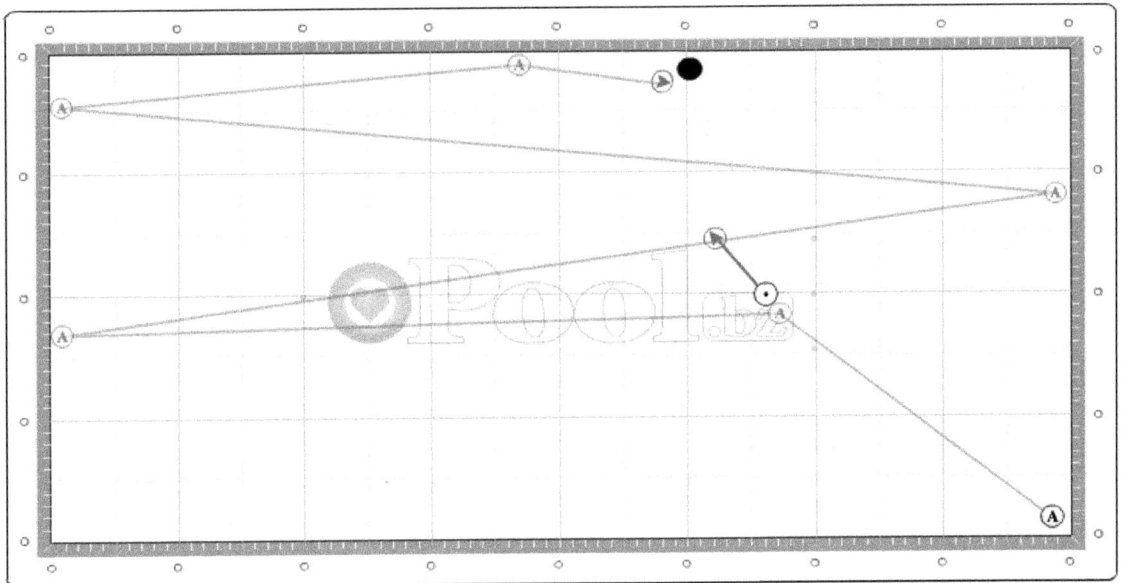

C:1b – Konfiguration

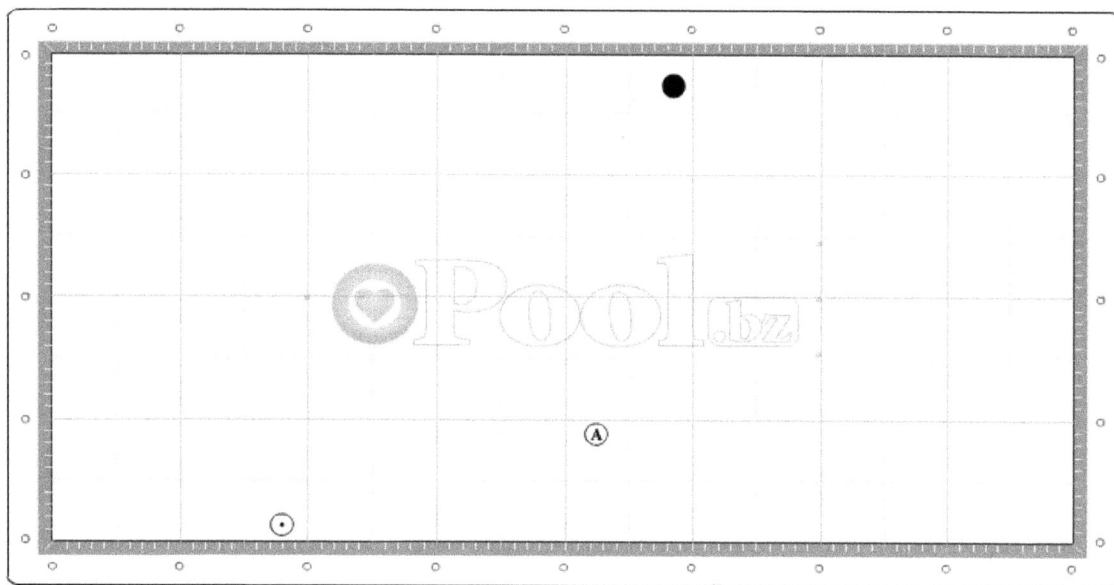

Notizen und Ideen:

Schussmuster

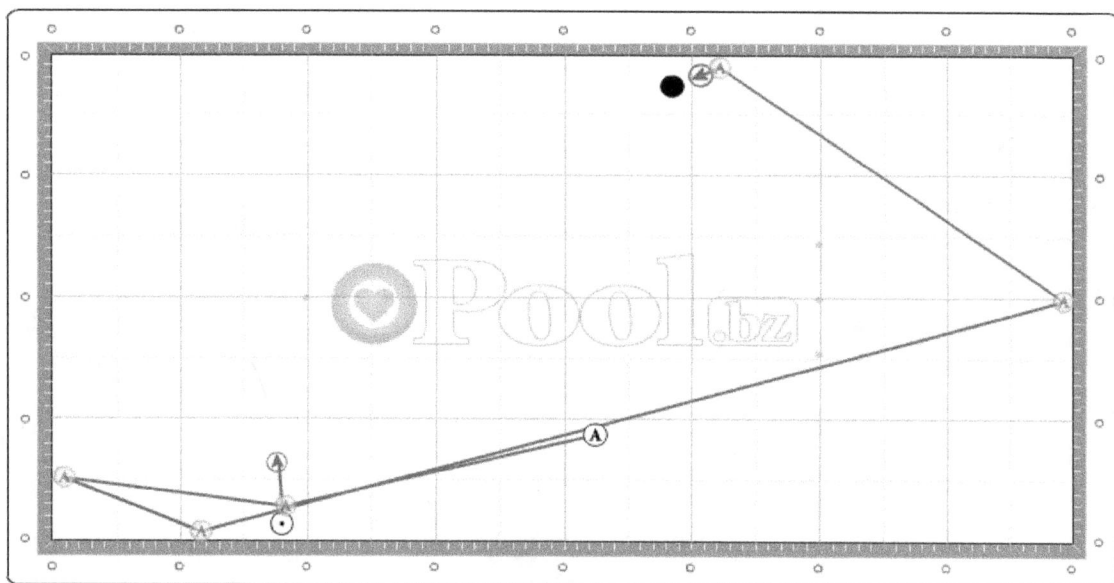

C:1c – Konfiguration

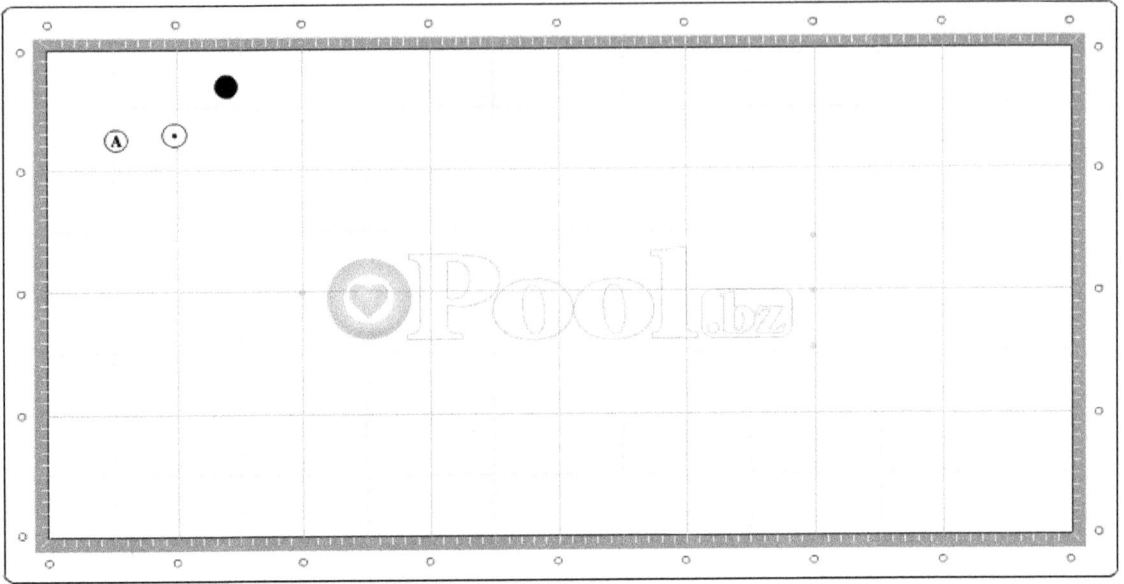

Notizen und Ideen:

Schussmuster

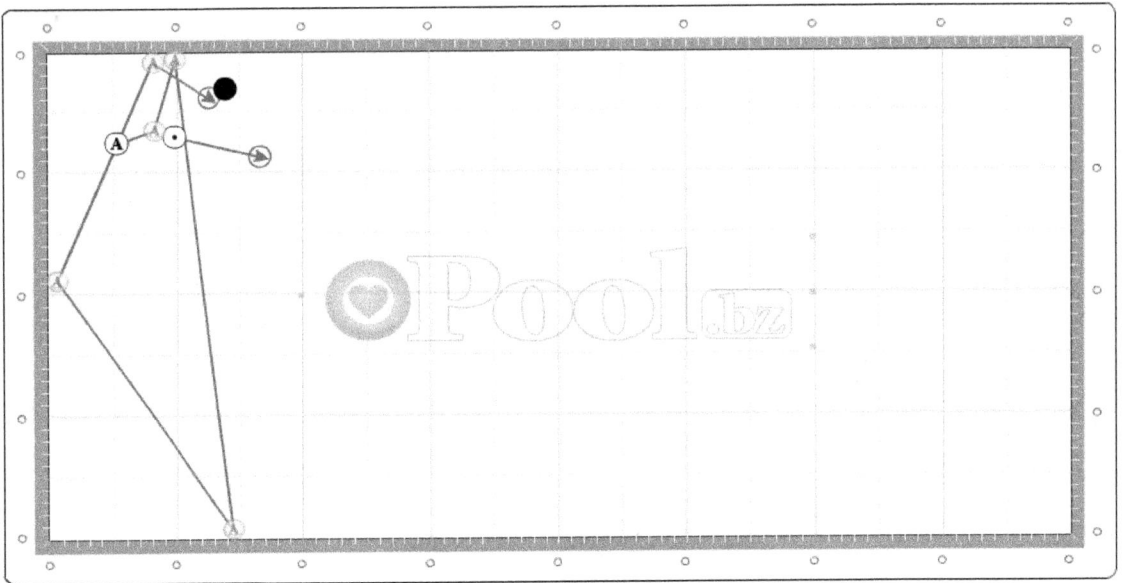

C:1d – Konfiguration

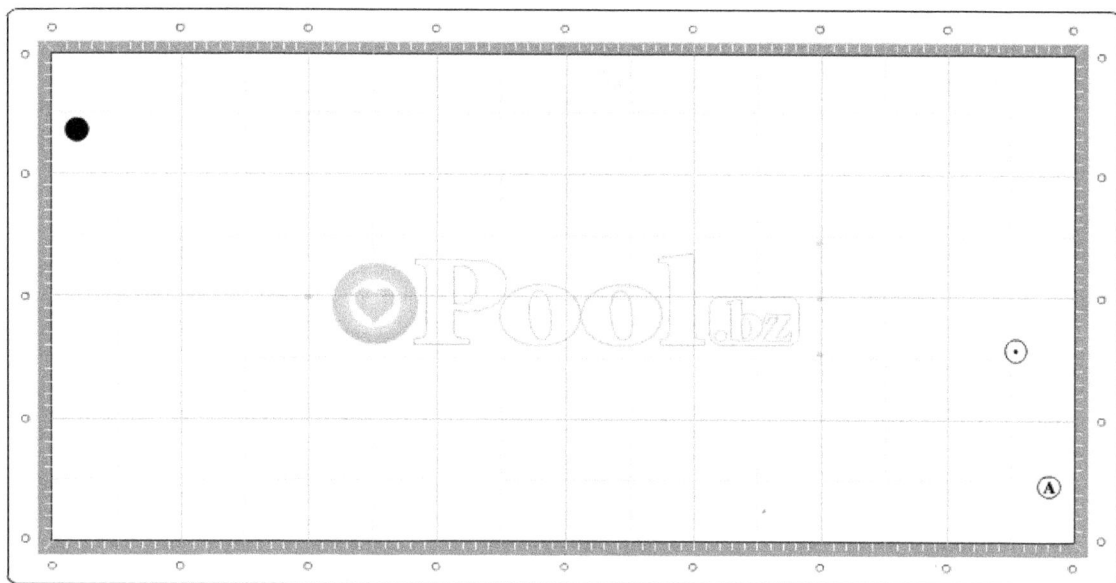

Notizen und Ideen:

Schussmuster

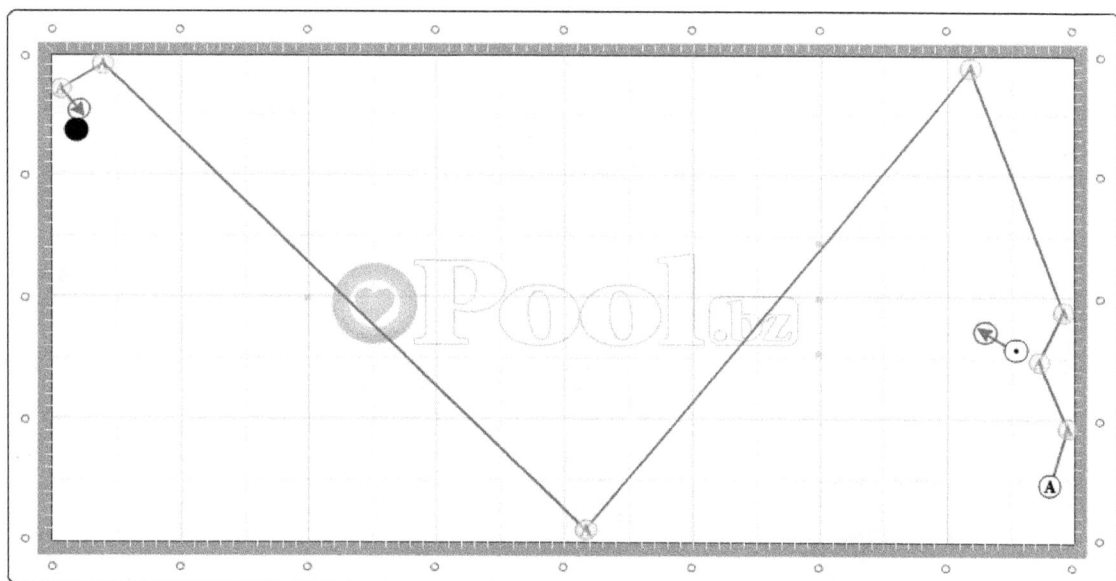

C: Gruppe 2

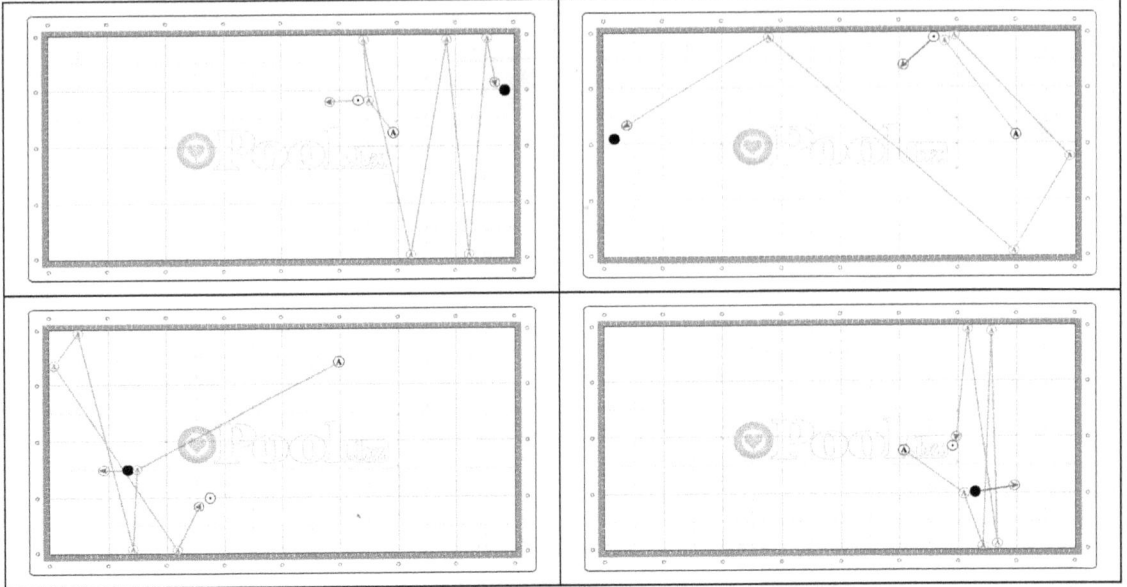

Analyse:

C:2a. _____

C:2b. _____

C:2c. _____

C:2d. _____

C:2a – Konfiguration

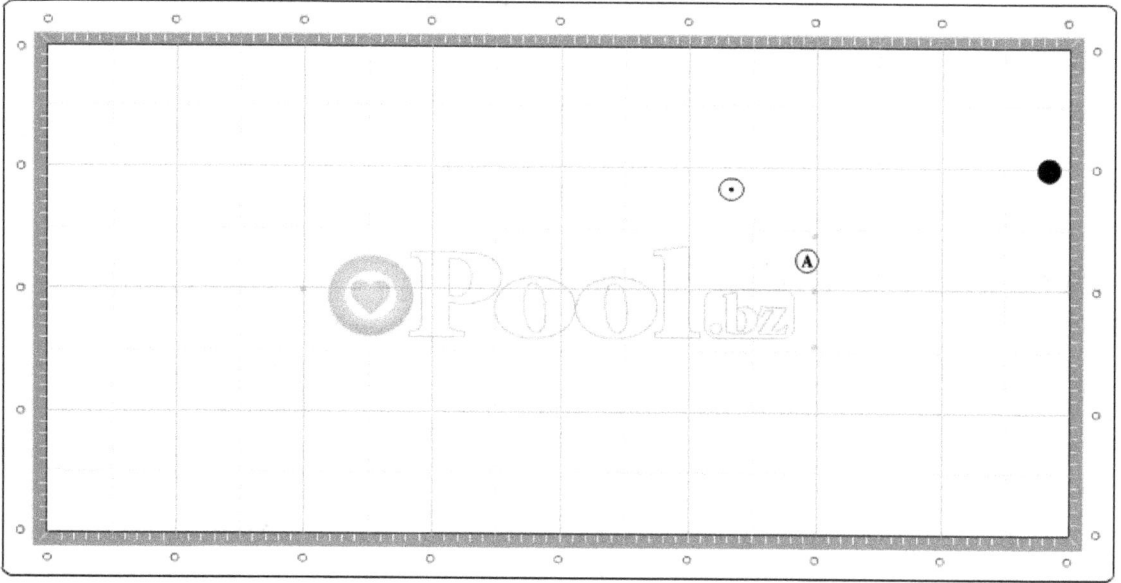

Notizen und Ideen:

Schussmuster

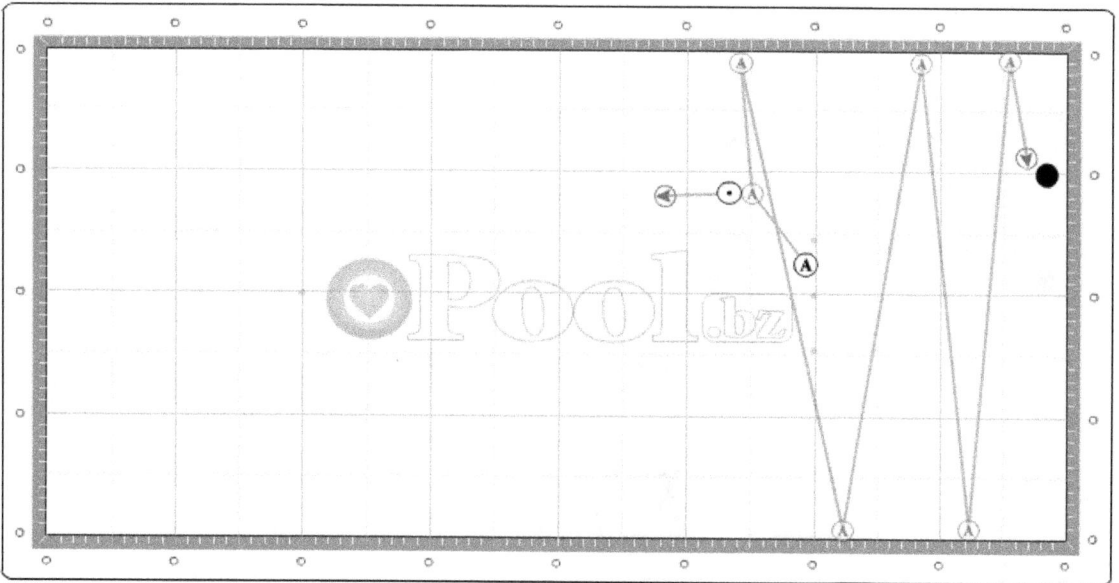

C:2b – Konfiguration

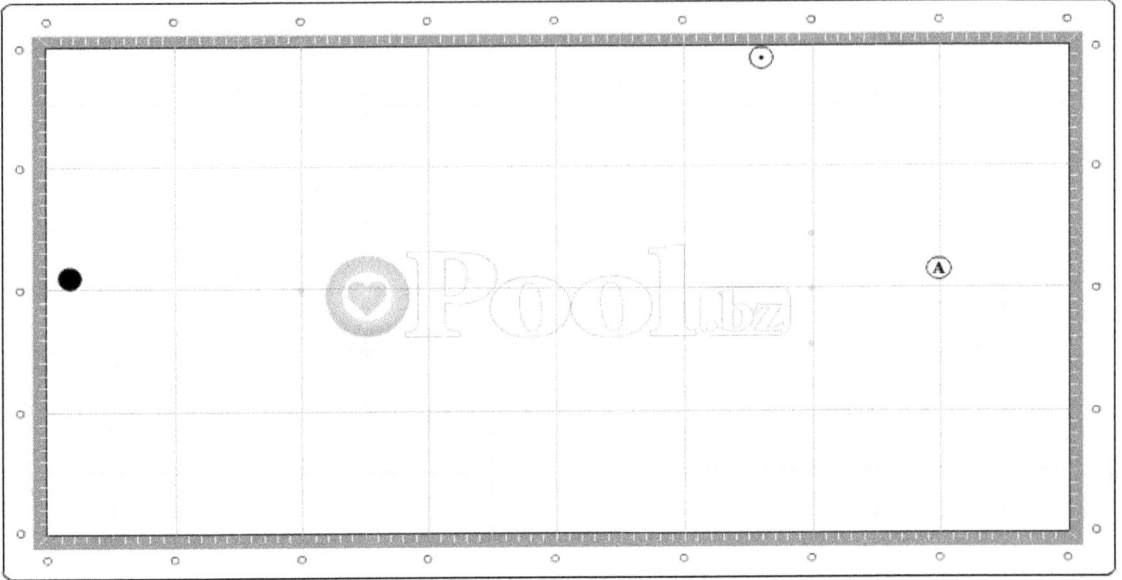

Notizen und Ideen:

Schussmuster

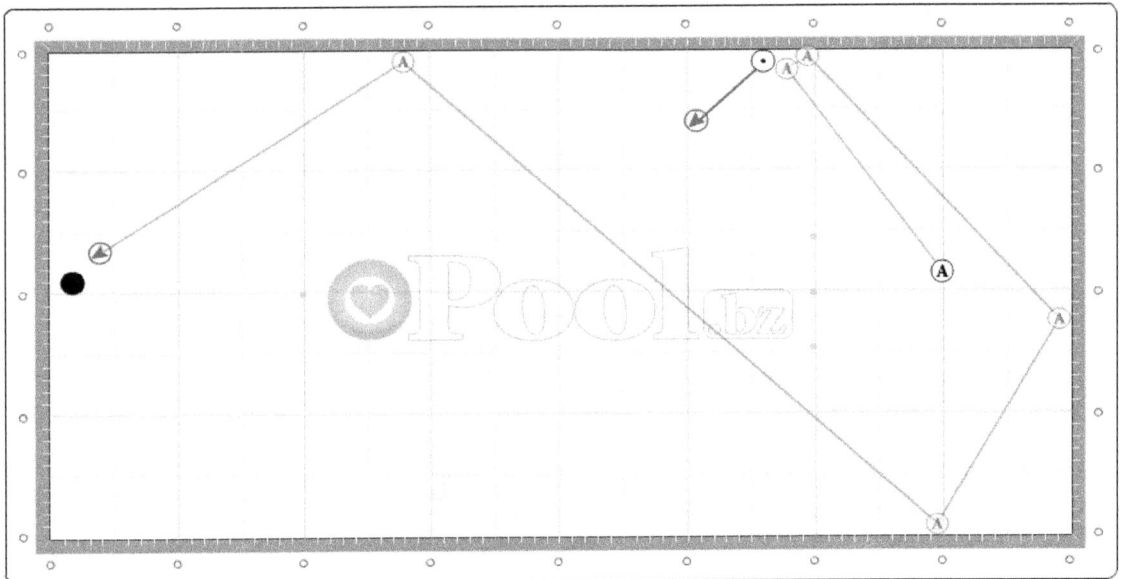

C:2c – Konfiguration

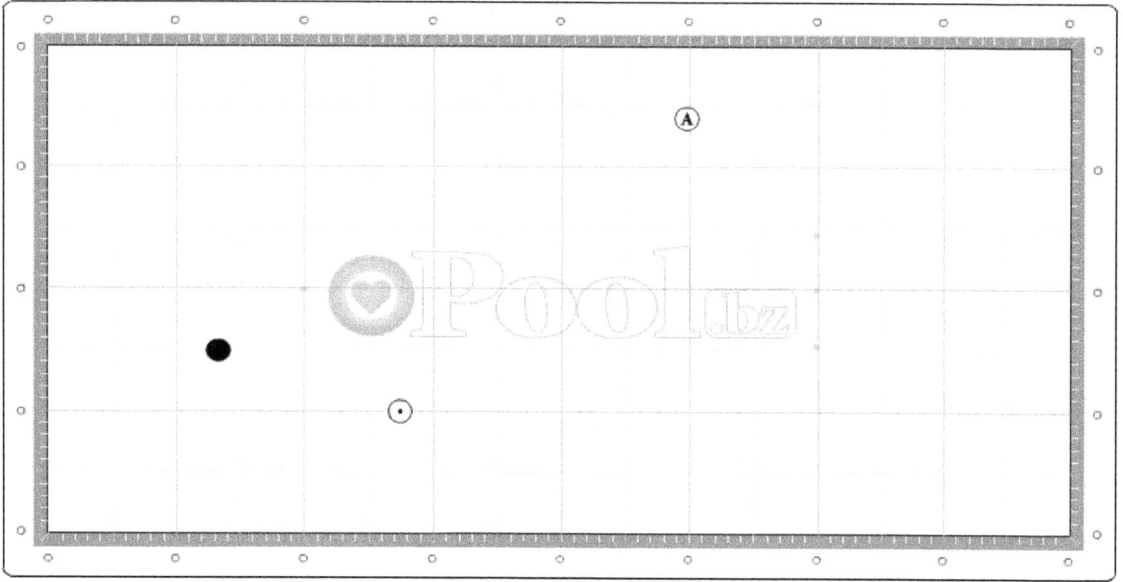

Notizen und Ideen:

Schussmuster

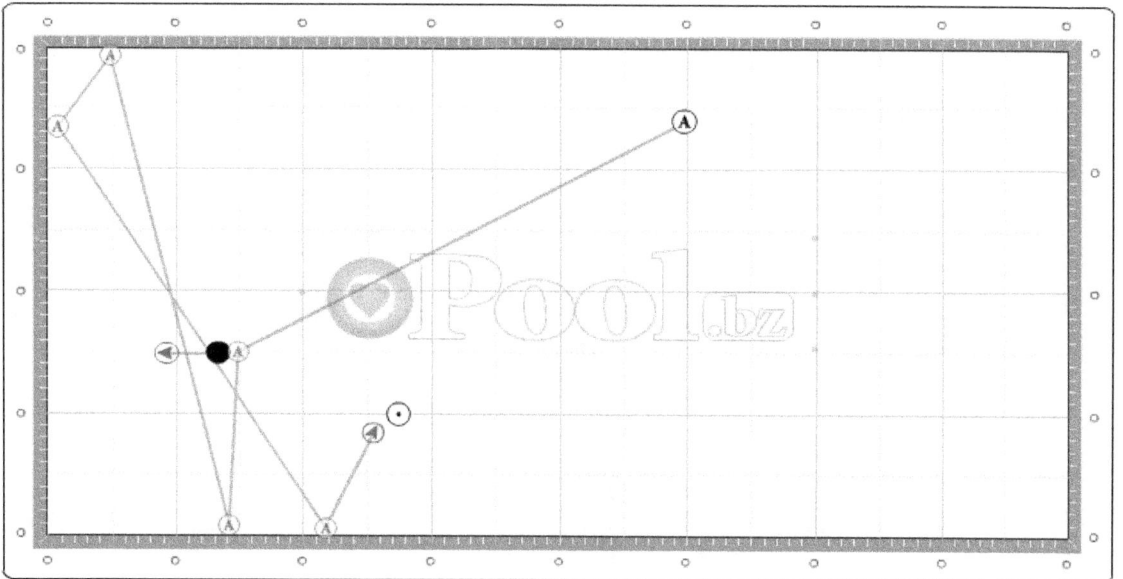

C:2d – Konfiguration

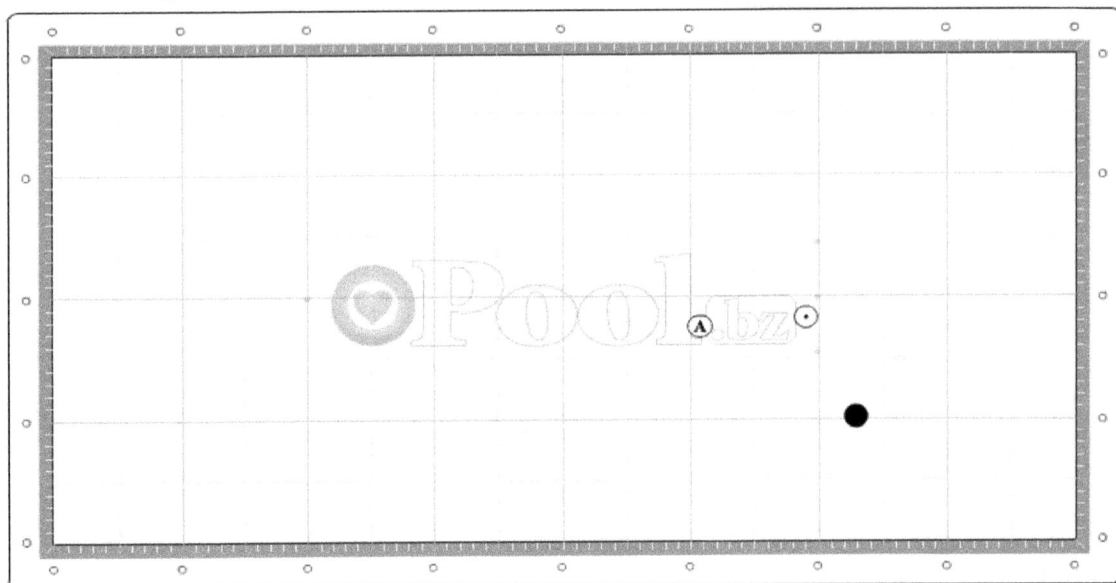

Notizen und Ideen:

Schussmuster

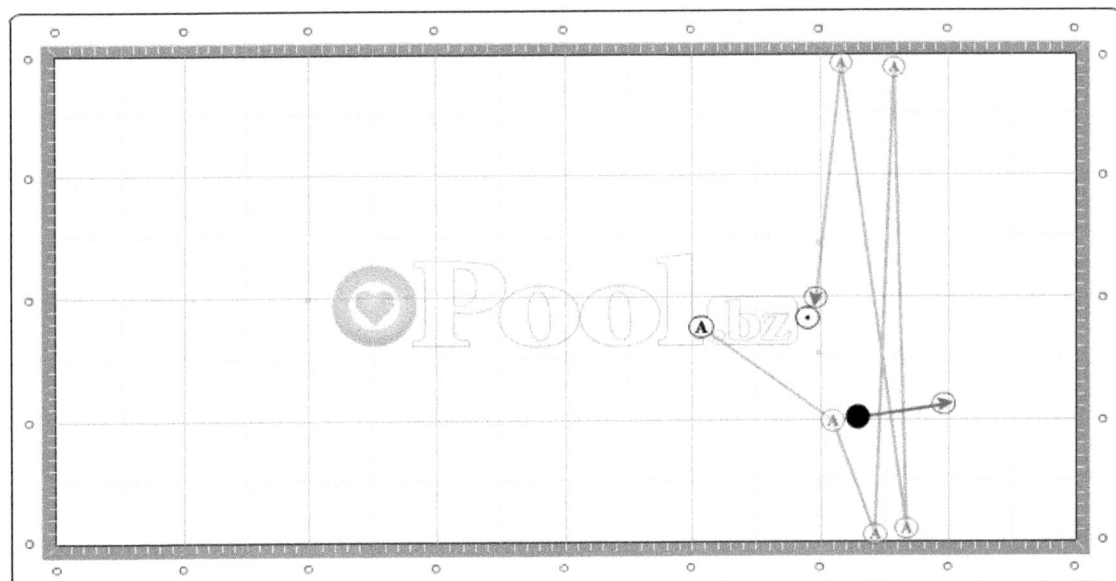

D: Viele und viele zusätzliche band

Das (CB) reist um viele, viele band herum.

Ⓐ (CB) (Ihre Billardkugel) - ☉ (OB) (Gegner Billardkugel) - ⬤ (OB) (rote Billardkugel)

D: Gruppe 1

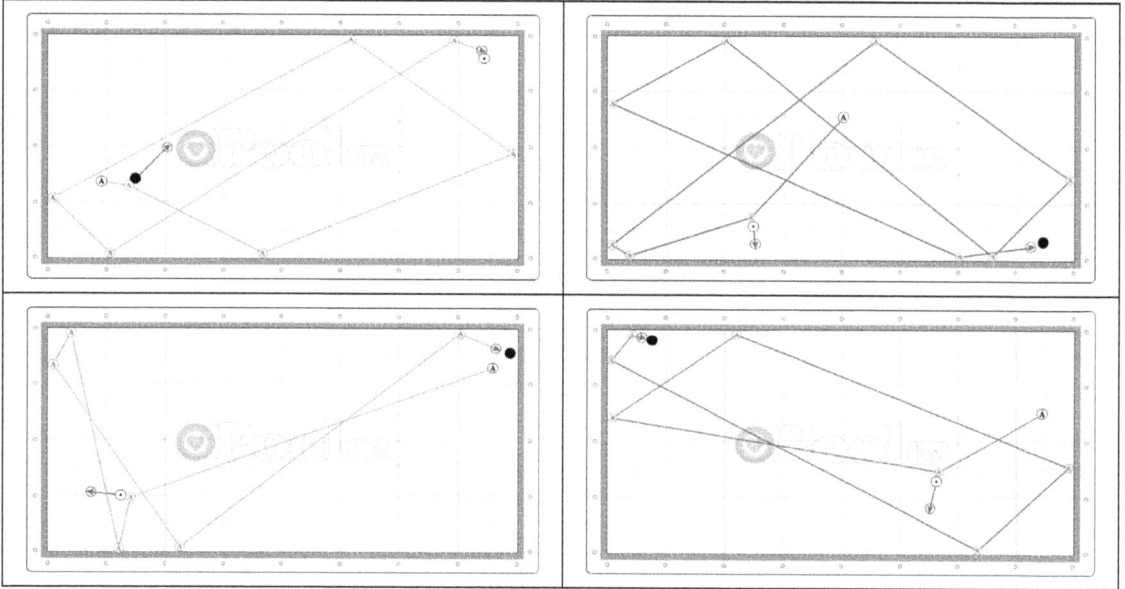

Analyse:

D:1a. _____

D:1b. _____

D:1c. _____

D:1d. _____

D:1a – Konfiguration

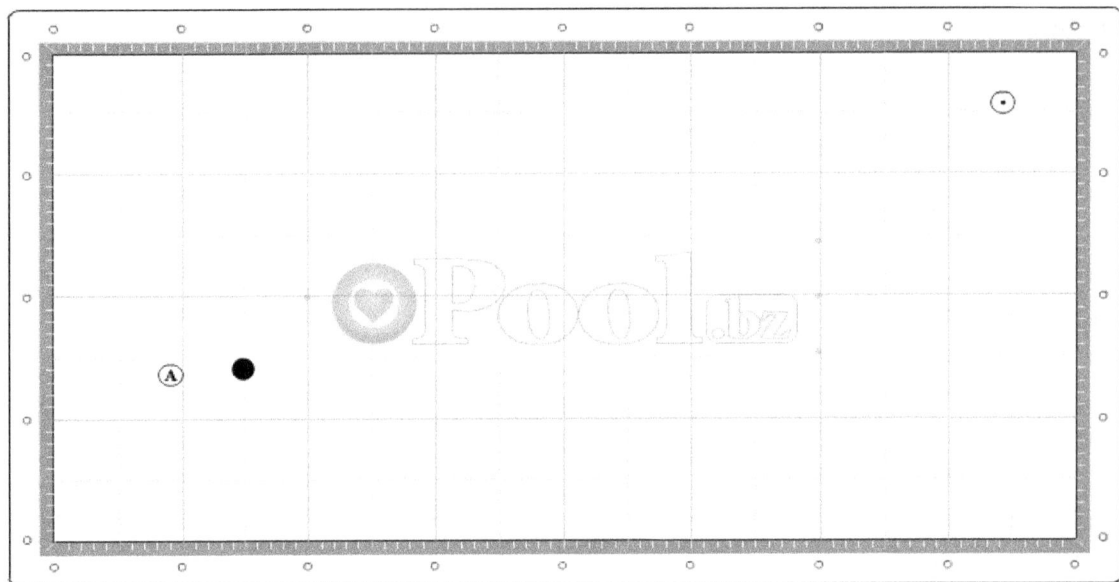

Notizen und Ideen:

Schussmuster

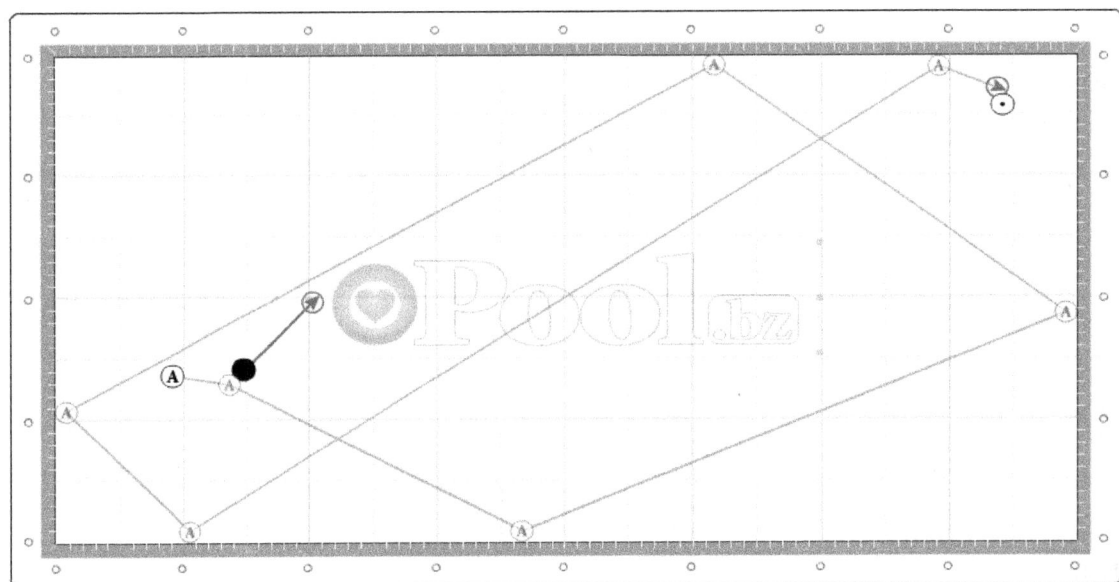

D:1b – Konfiguration

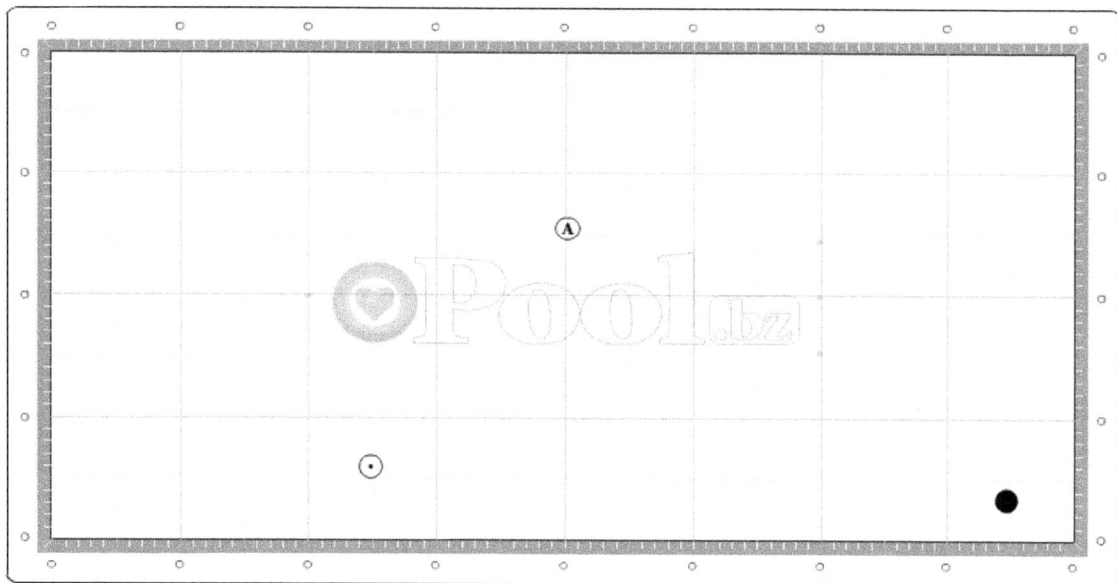

Notizen und Ideen:

Schussmuster

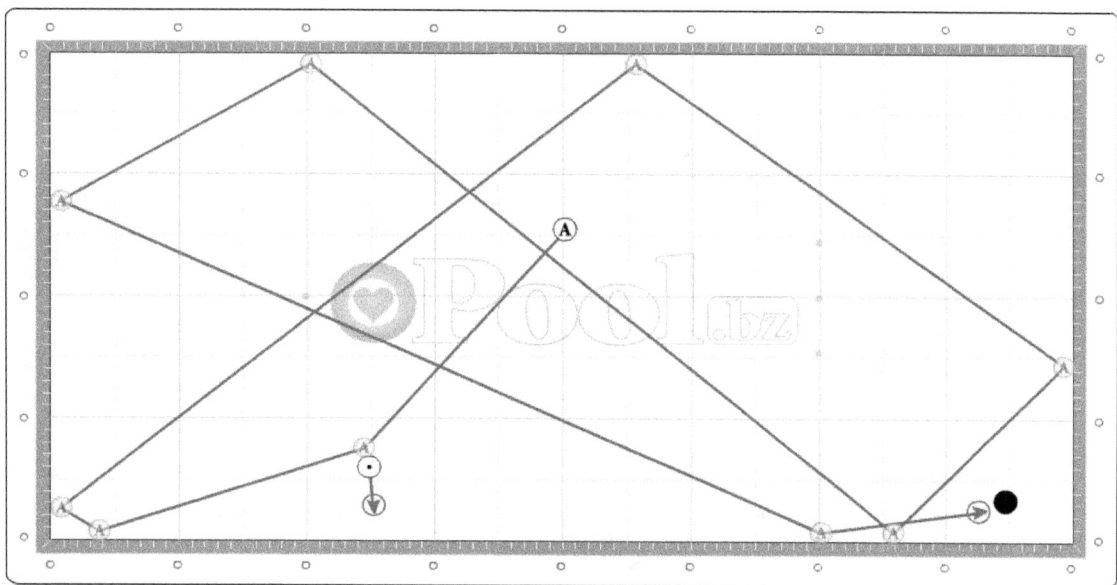

D:1c – Konfiguration

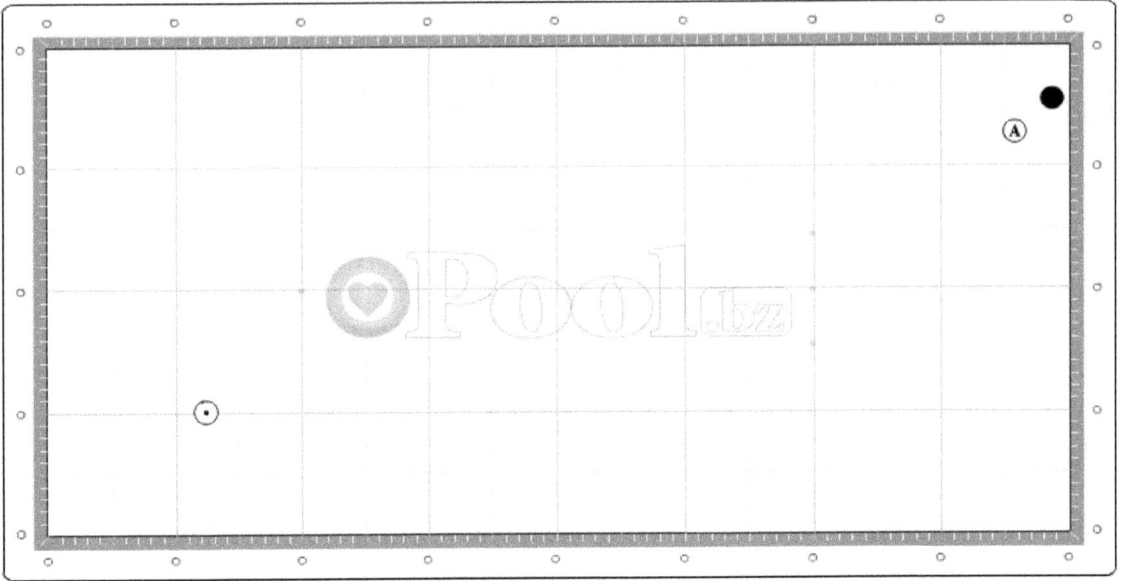

Notizen und Ideen:

Schussmuster

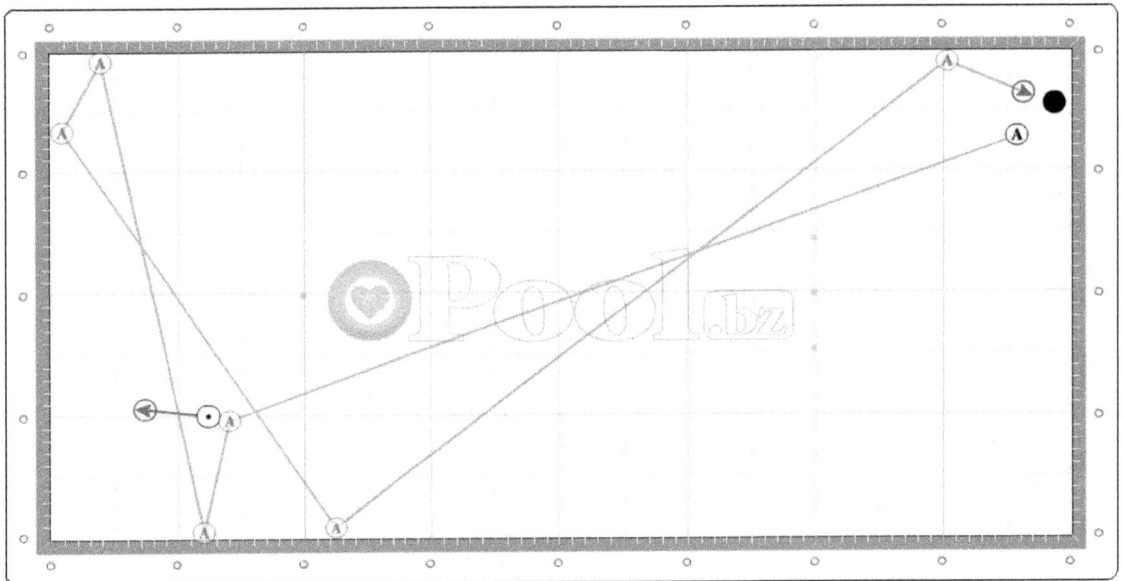

D:1d – Konfiguration

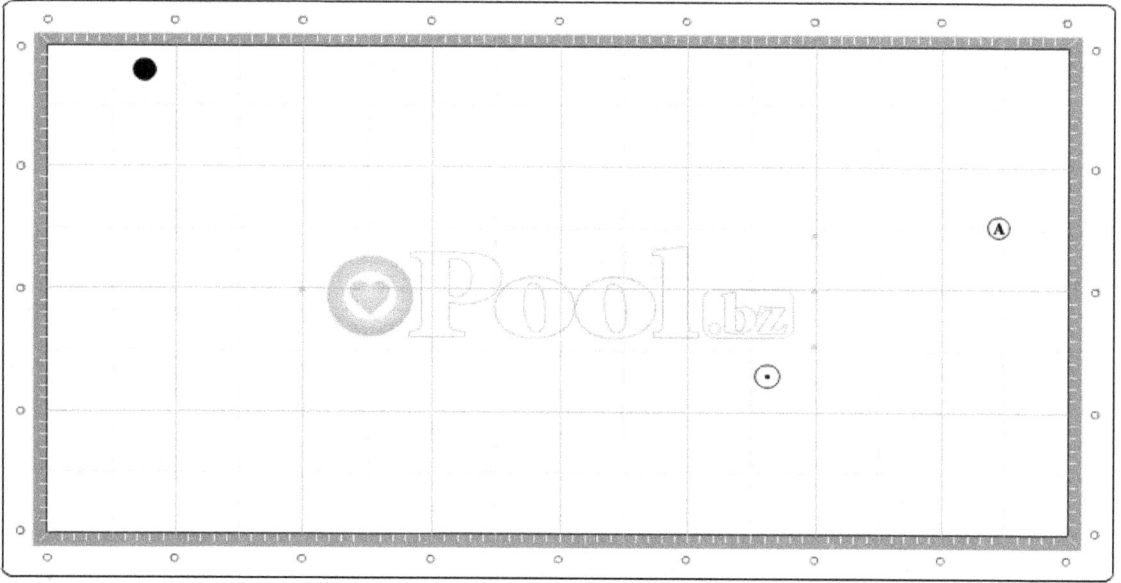

Notizen und Ideen:

Schussmuster

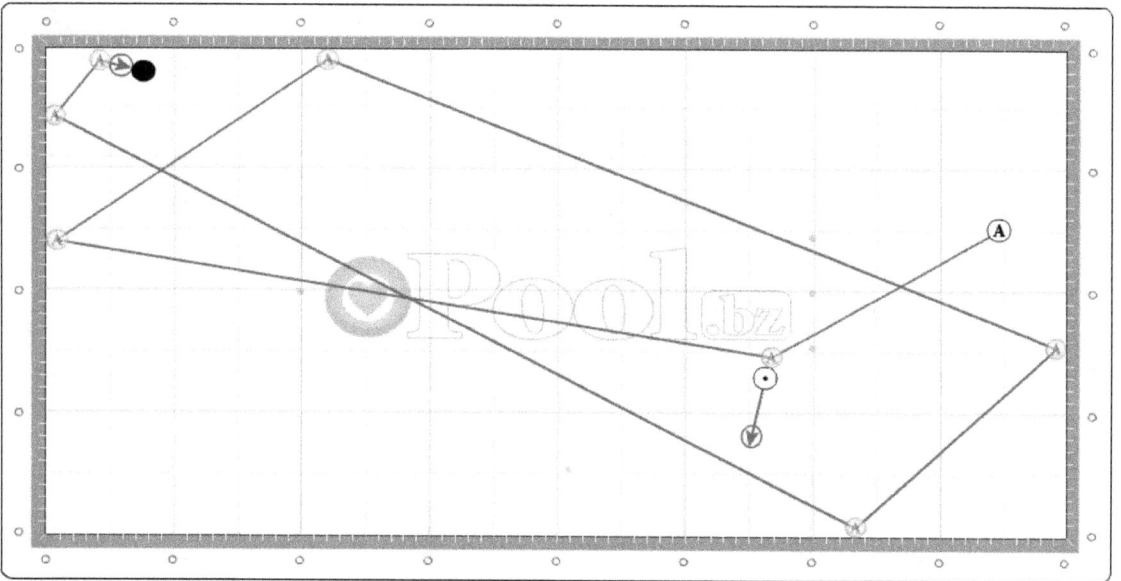

D: Gruppe 2

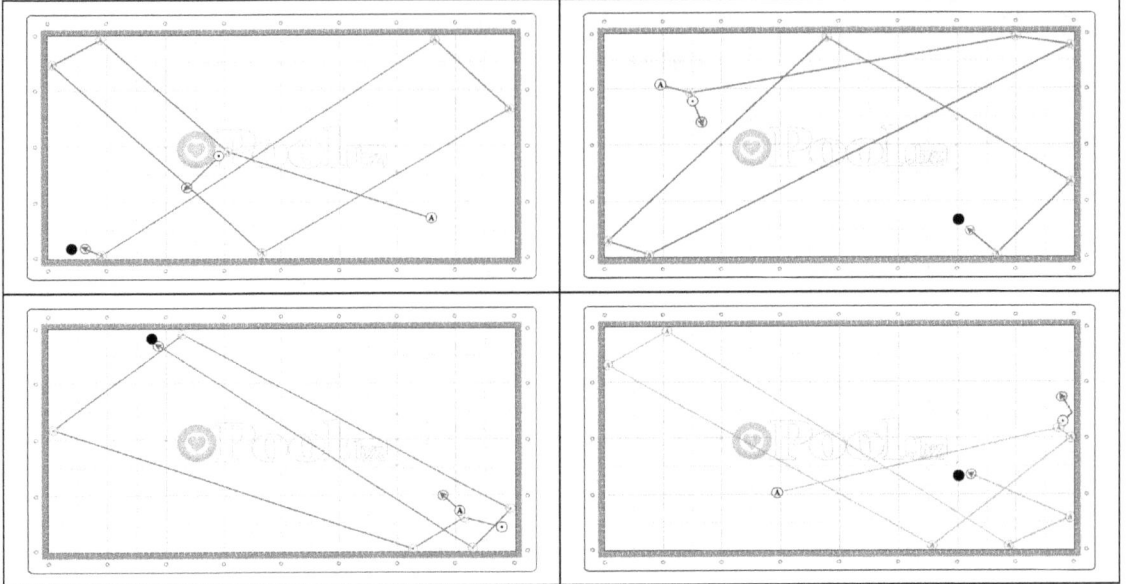

Analyse:

D:2a. _____

D:2b. _____

D:2c. _____

D:2d. _____

D:2a – Konfiguration

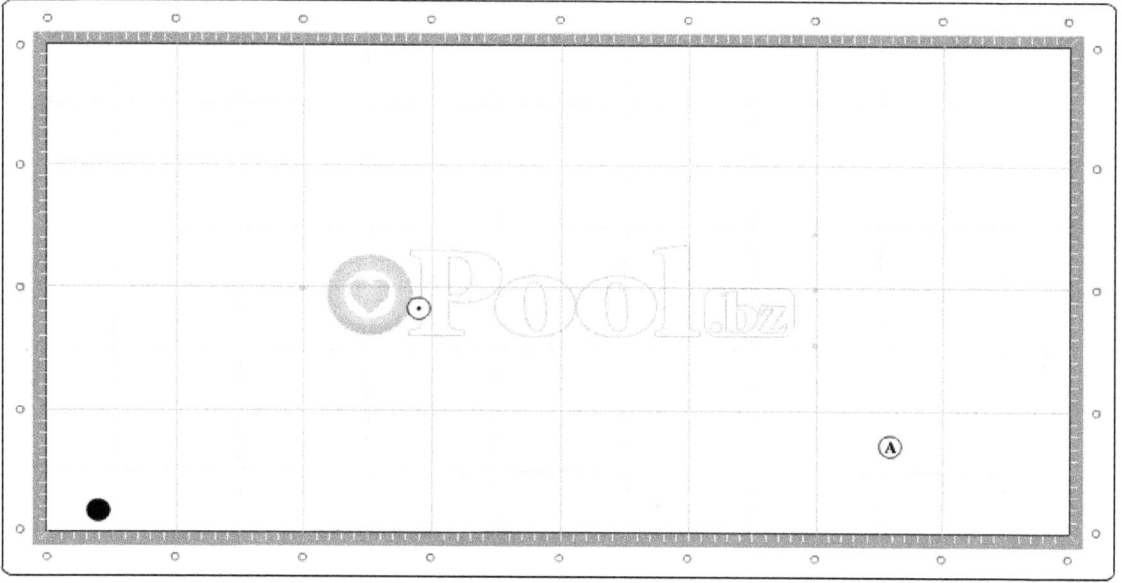

Notizen und Ideen:

Schussmuster

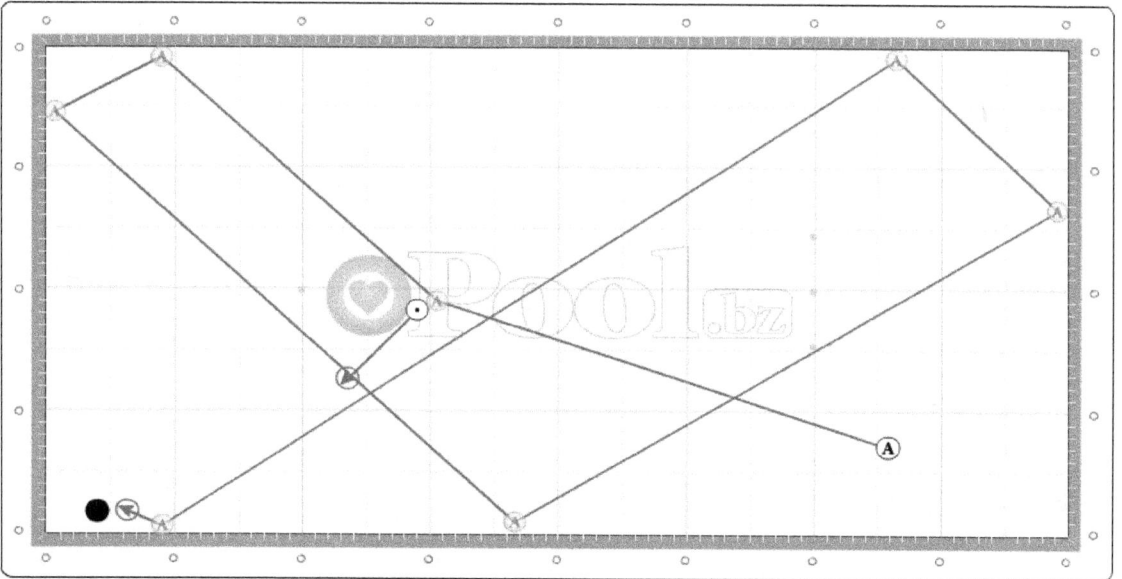

D:2b – Konfiguration

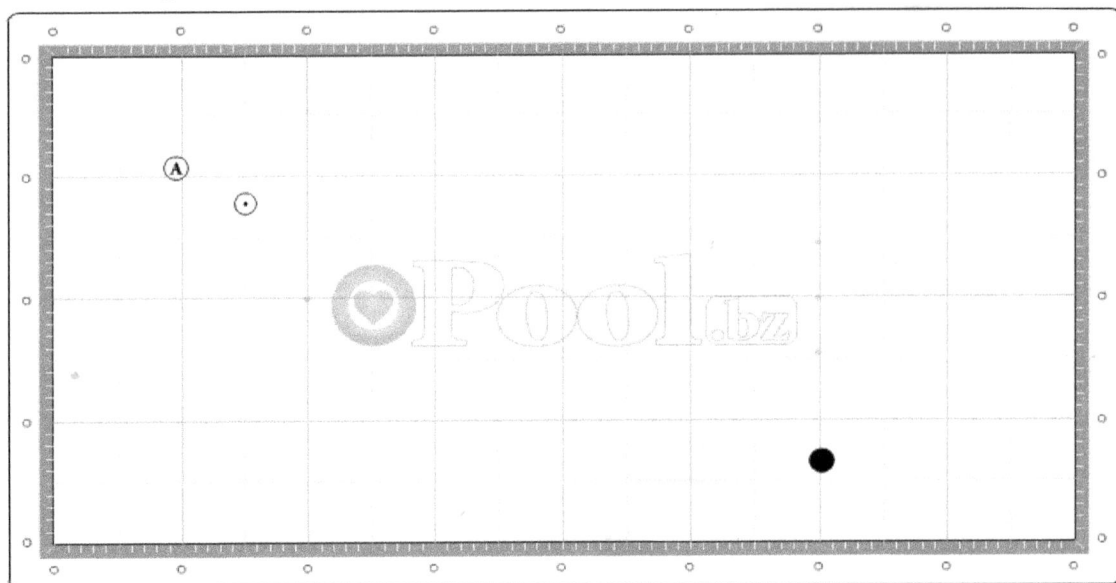

Notizen und Ideen:

Schussmuster

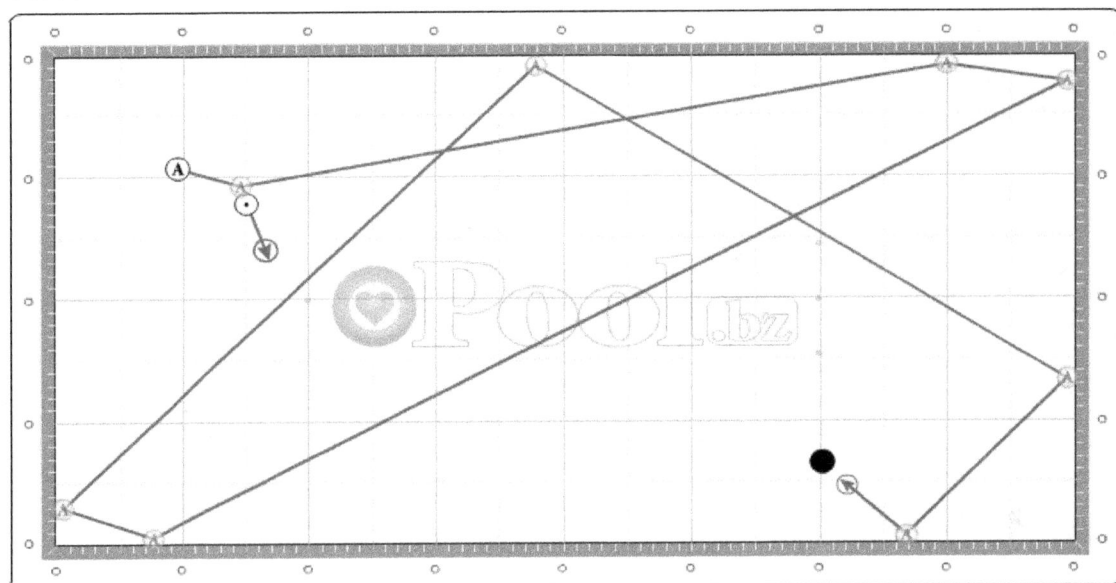

D:2c – Konfiguration

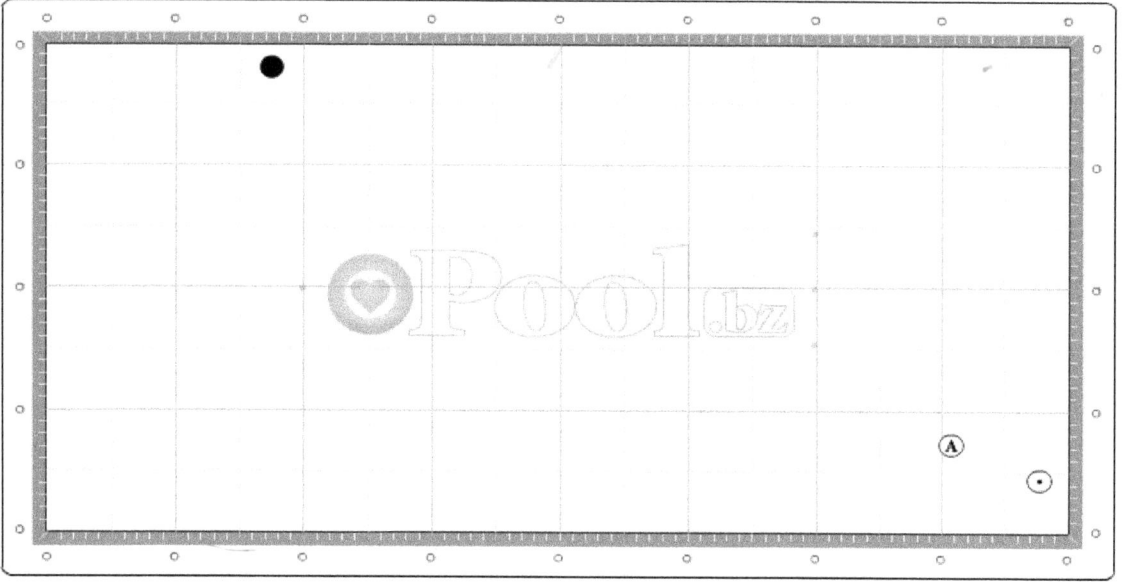

Notizen und Ideen:

Schussmuster

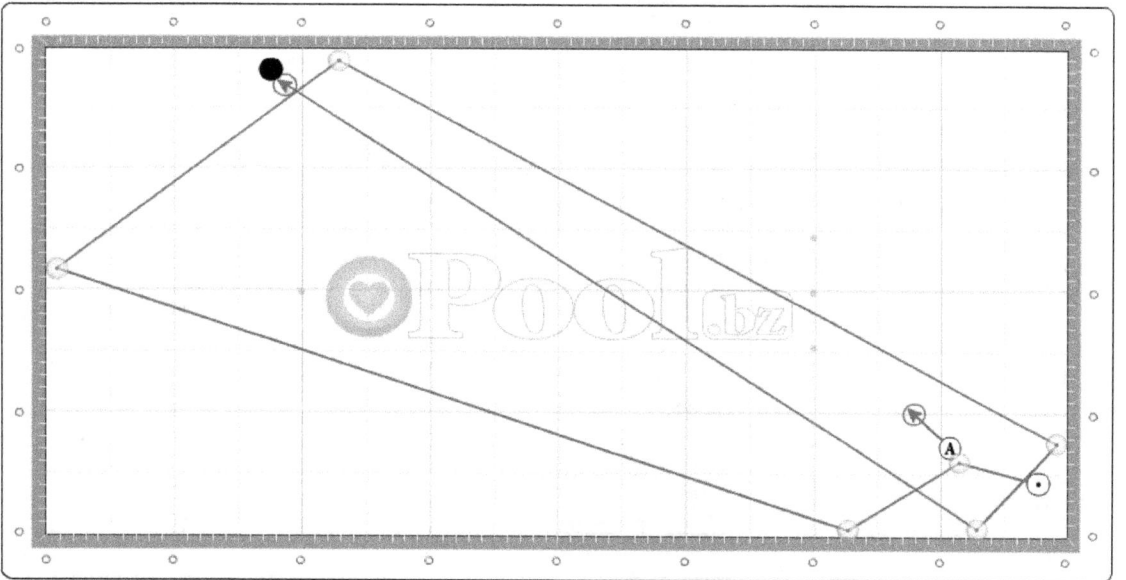

D:2d – Konfiguration

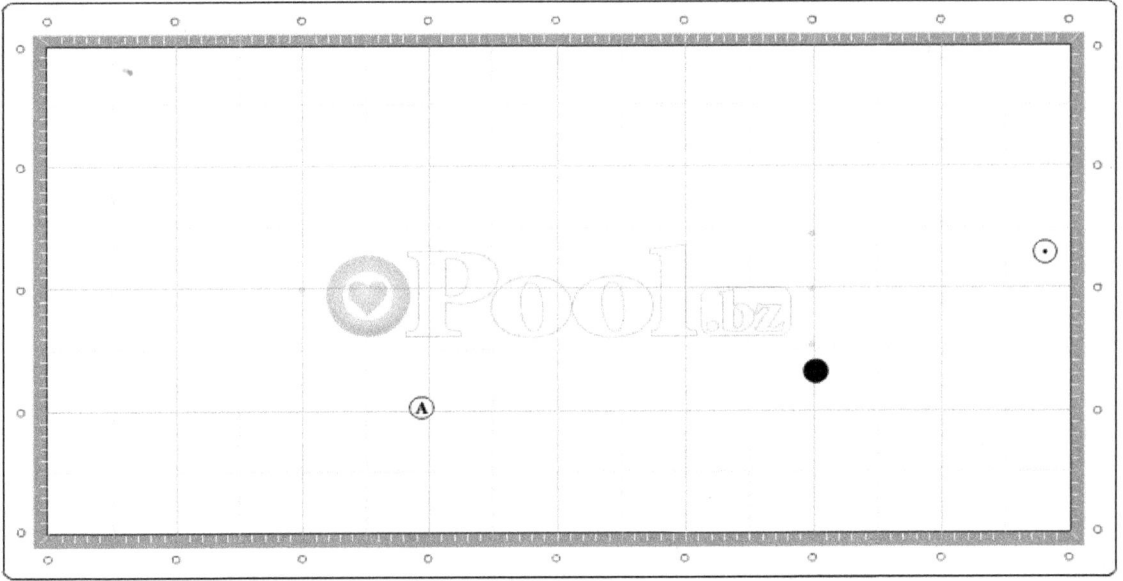

Notizen und Ideen:

Schussmuster

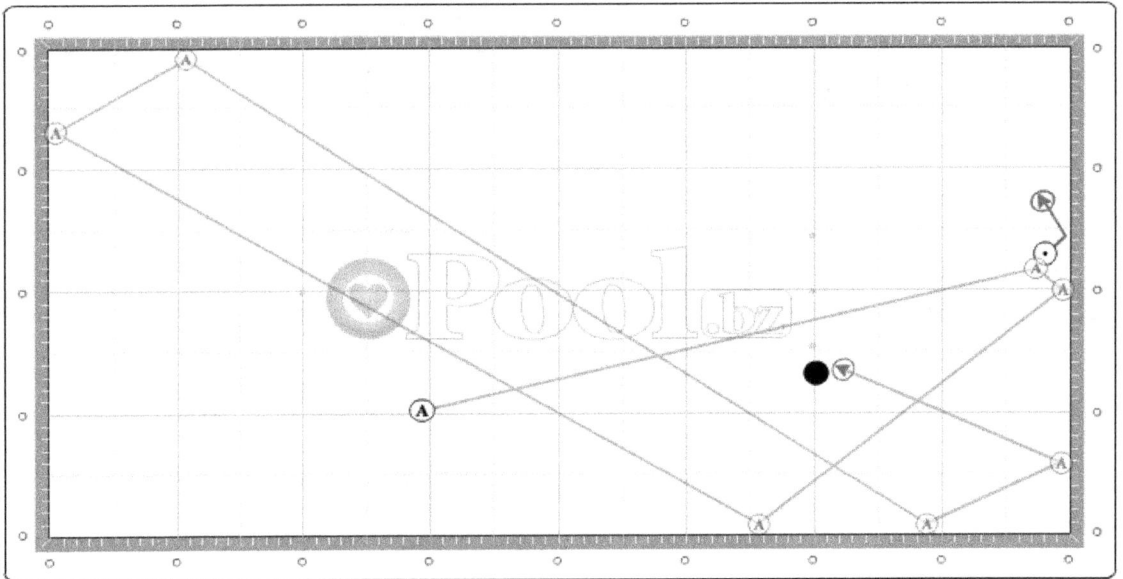

D: Gruppe 3

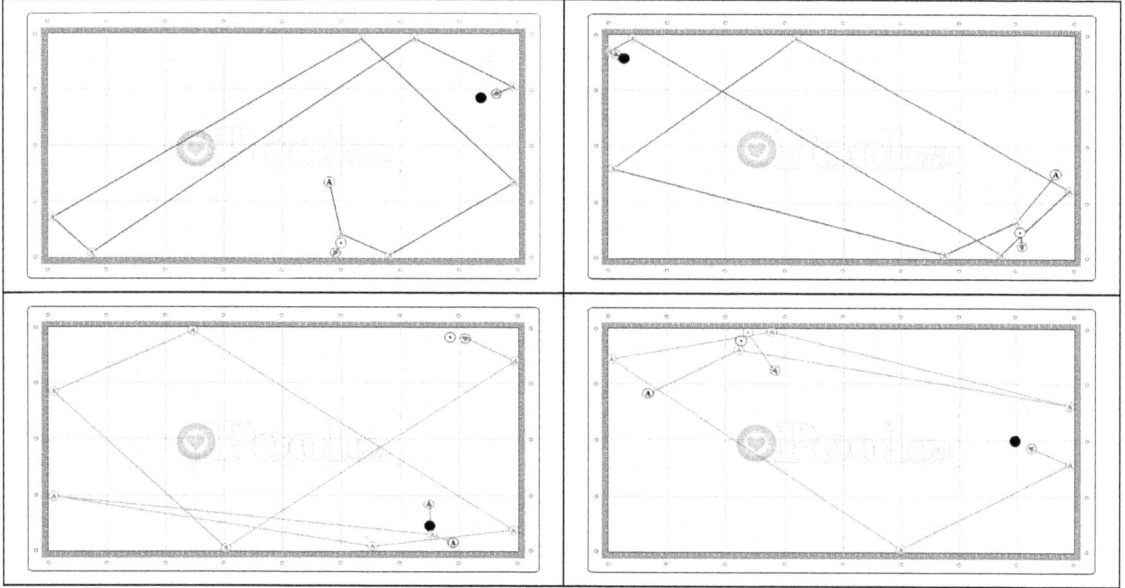

Analyse:

D:3a. _____

D:3b. _____

D:3c. _____

D:3d. _____

D:3a – Konfiguration

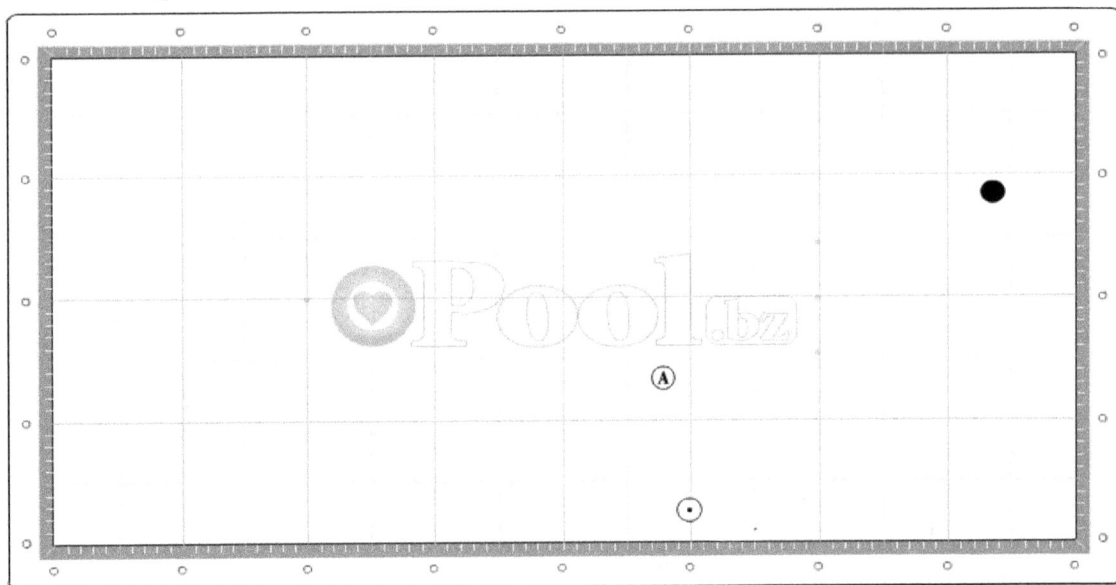

Notizen und Ideen:

Schussmuster

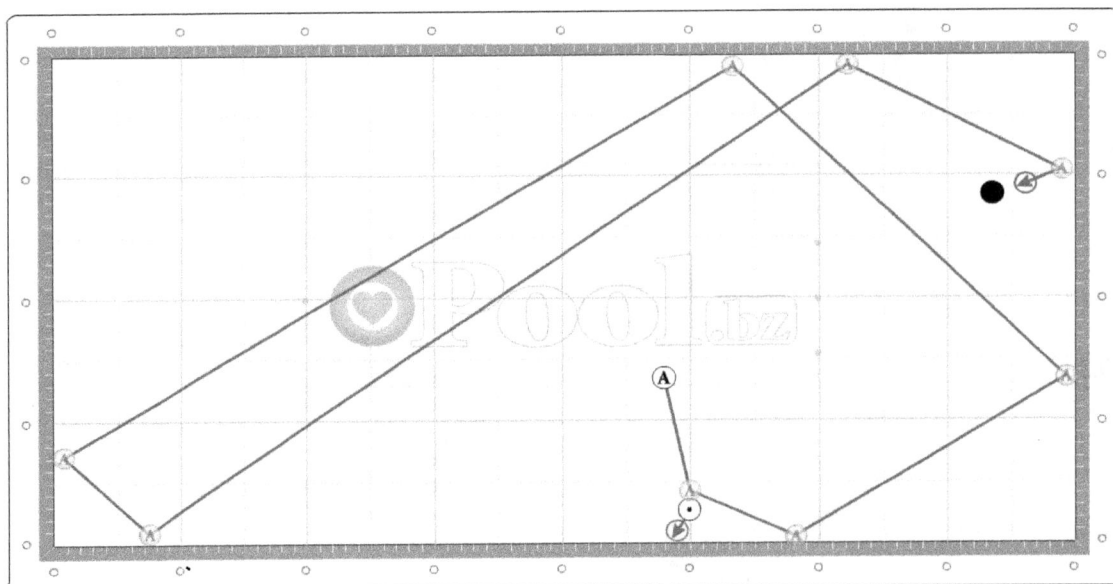

D:3b – Konfiguration

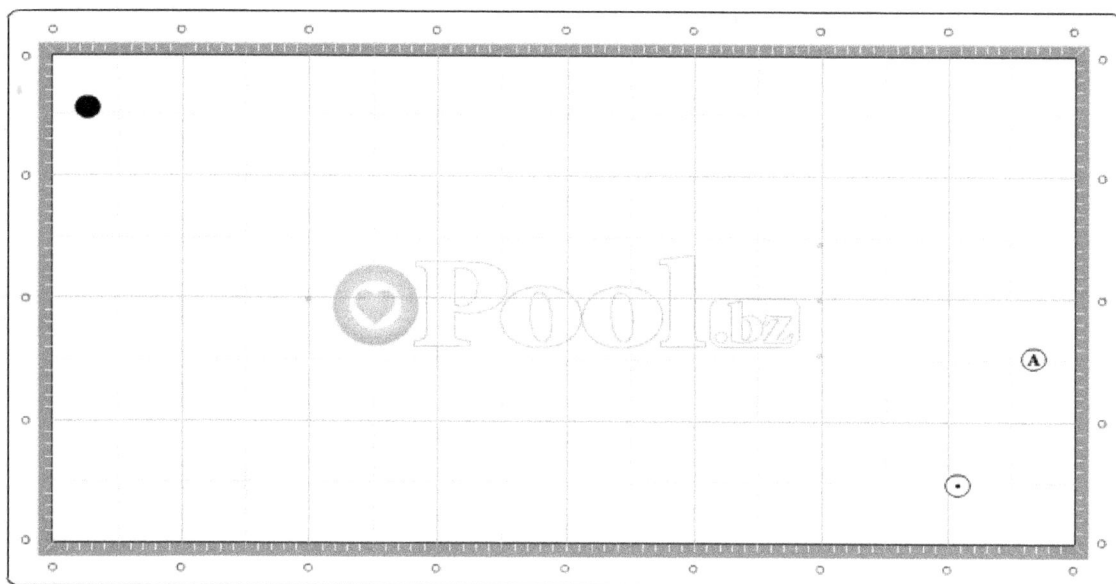

Notizen und Ideen:

Schussmuster

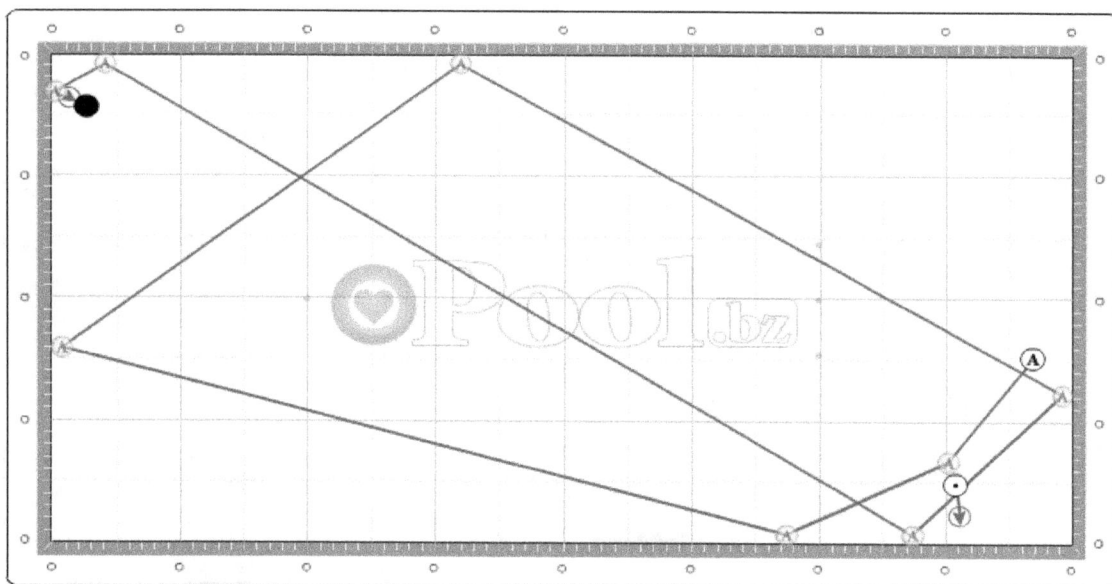

D:3c – Konfiguration

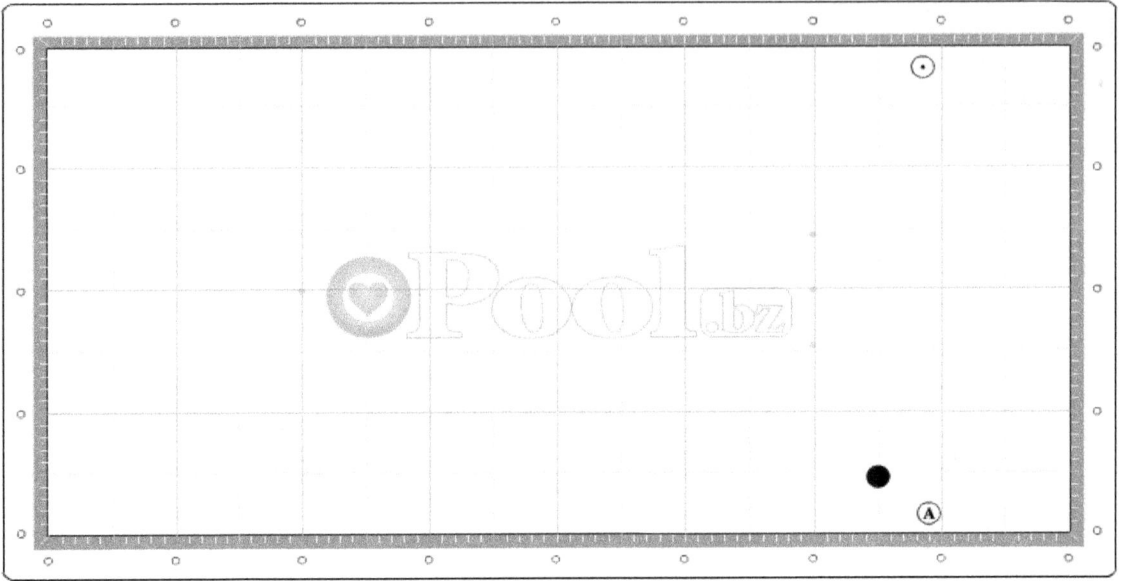

Notizen und Ideen:

Schussmuster

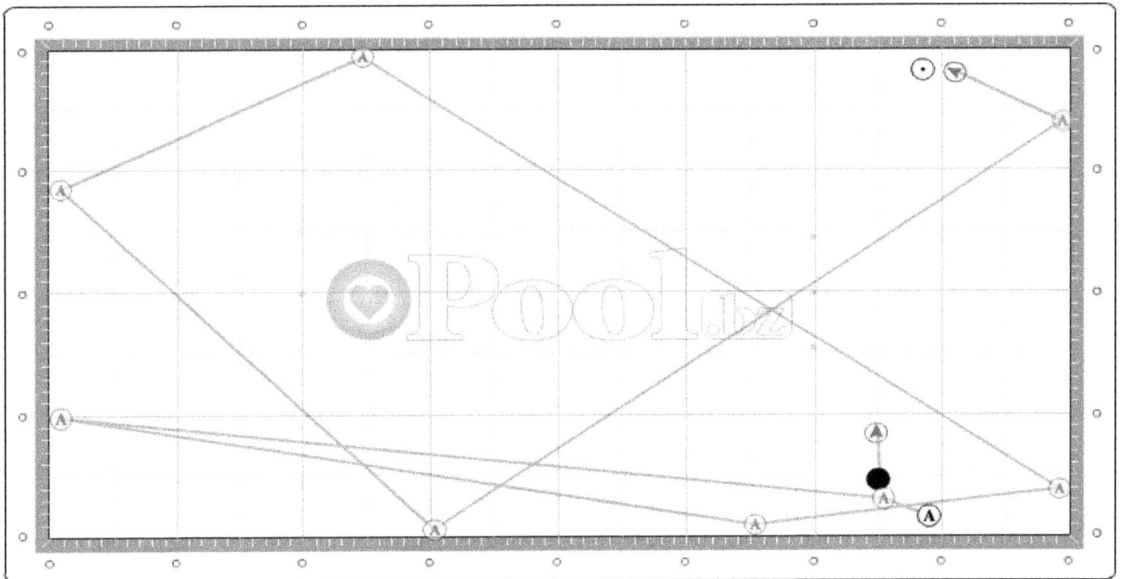

D:3d – Konfiguration

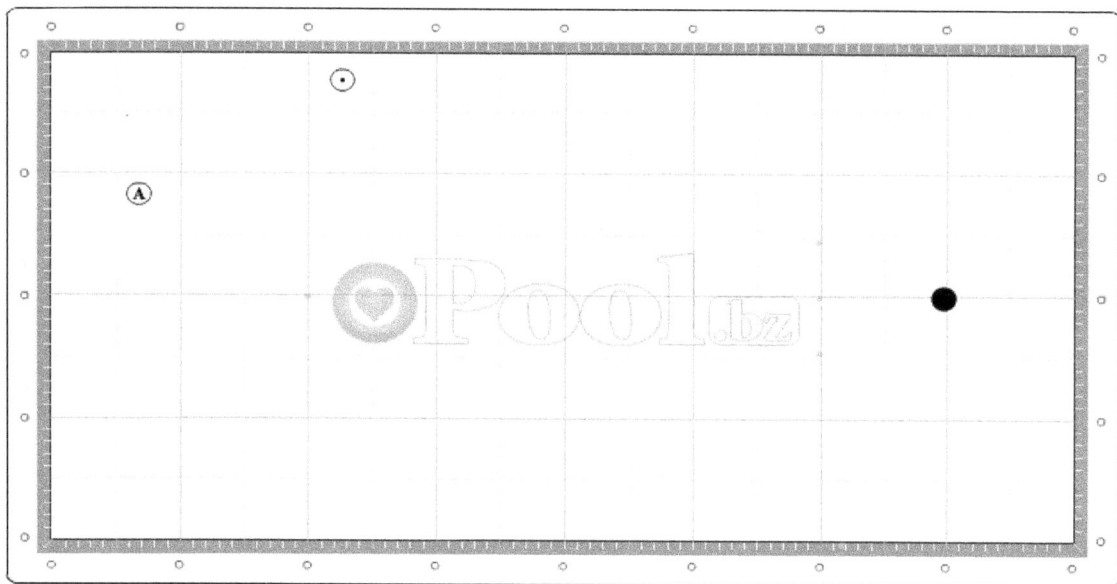

Notizen und Ideen:

Schussmuster

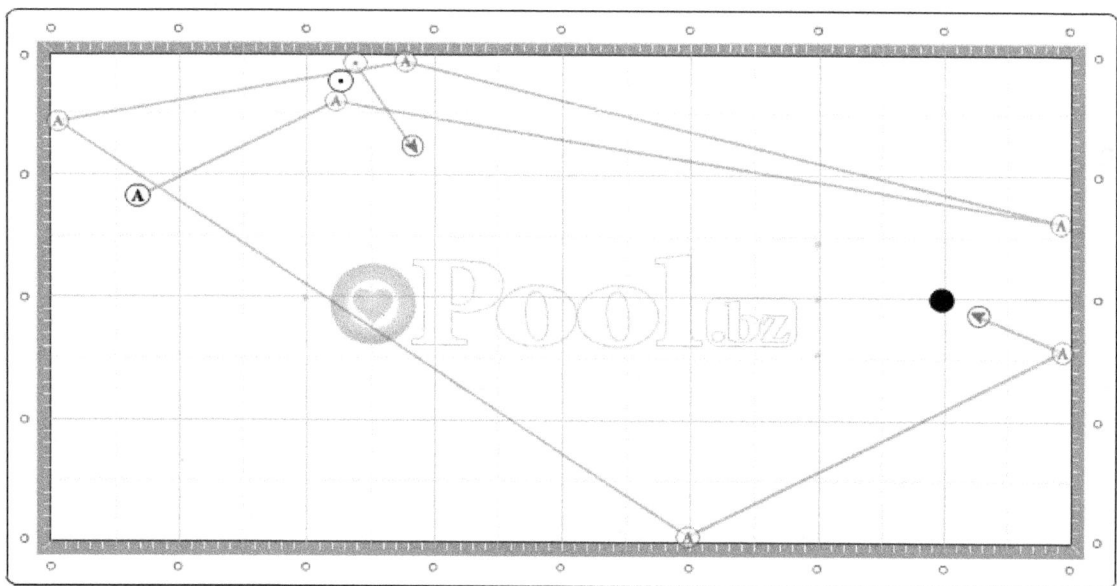

D: Gruppe 4

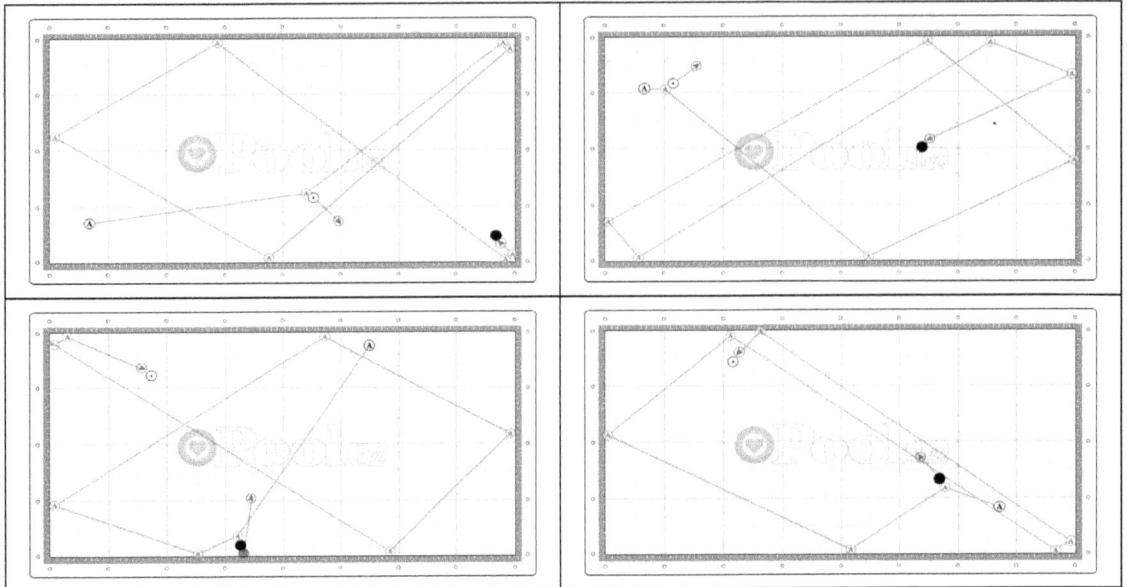

Analyse:

D:4a. _____

D:4b. _____

D:4c. _____

D:4d. _____

D:4a – Konfiguration

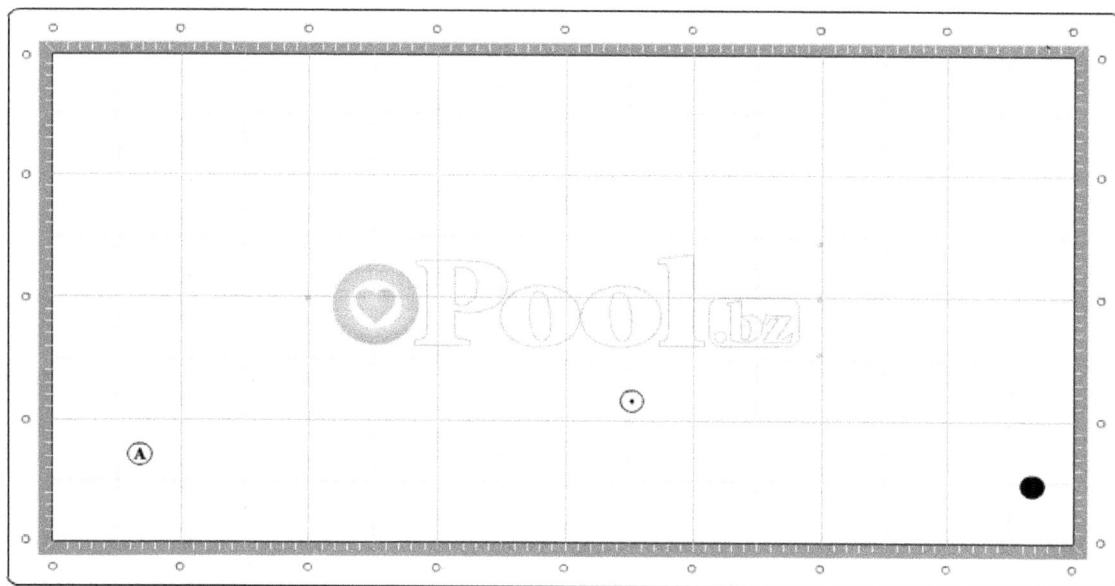

Notizen und Ideen:

Schussmuster

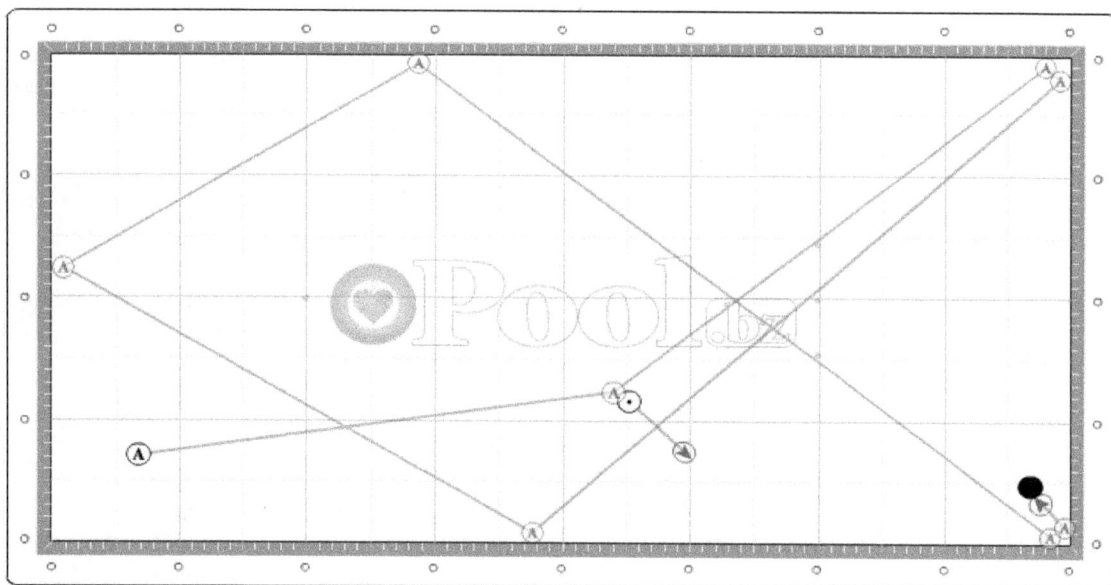

D:4b – Konfiguration

Notizen und Ideen:

Schussmuster

D:4c – Konfiguration

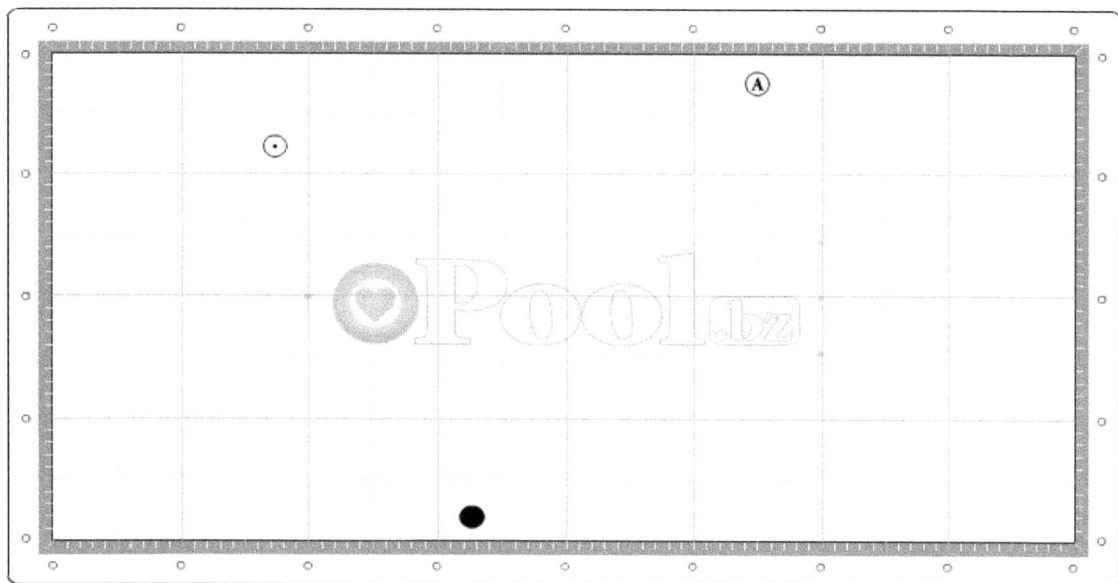

Notizen und Ideen:

Schussmuster

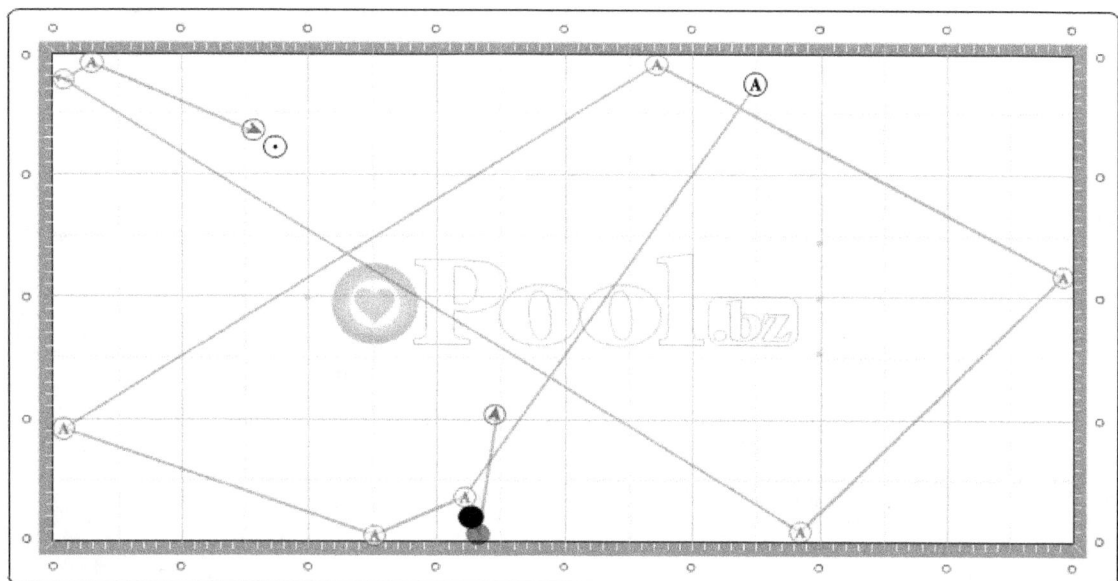

D:4d – Konfiguration

Notizen und Ideen:

Schussmuster

E: Parallele Muster

Der (CB) geht von einer Ecke zu einer anderen Ecke und zurück in die erste Ecke. Das (CB) - Muster ist auf einer parallelen Linie zu dem einlaufenden Muster.

(A) (CB) (Ihre Billardkugel) - (•) (OB) (Gegner Billardkugel) - ● (OB) (rote Billardkugel)

E: Gruppe 1

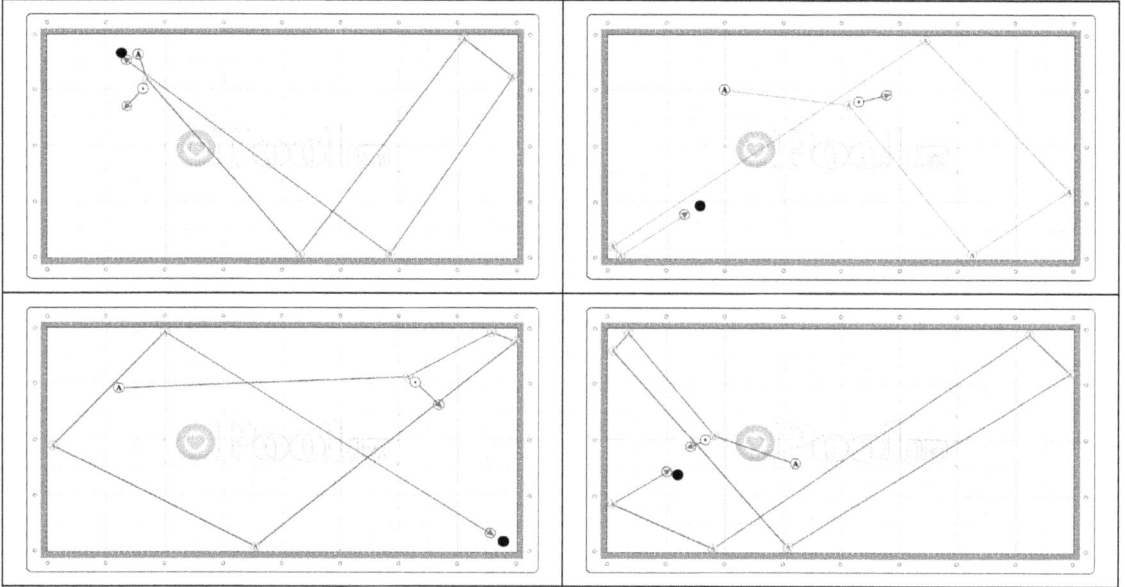

Analyse:

E:1a. _____

E:1b. _____

E:1c. _____

E:1d. _____

E:1a – Konfiguration

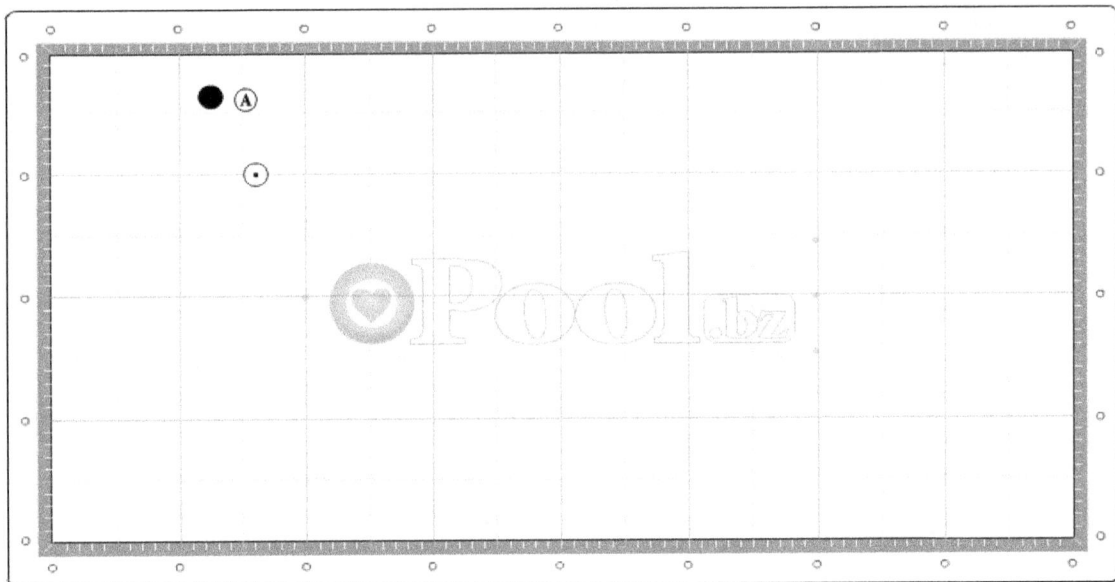

Notizen und Ideen:

Schussmuster

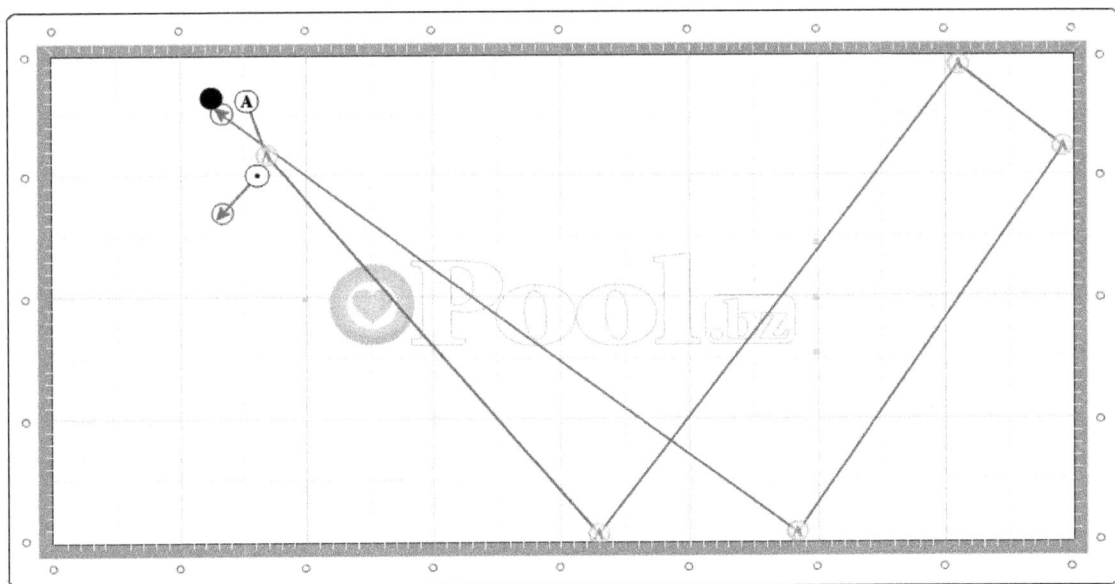

E:1b – Konfiguration

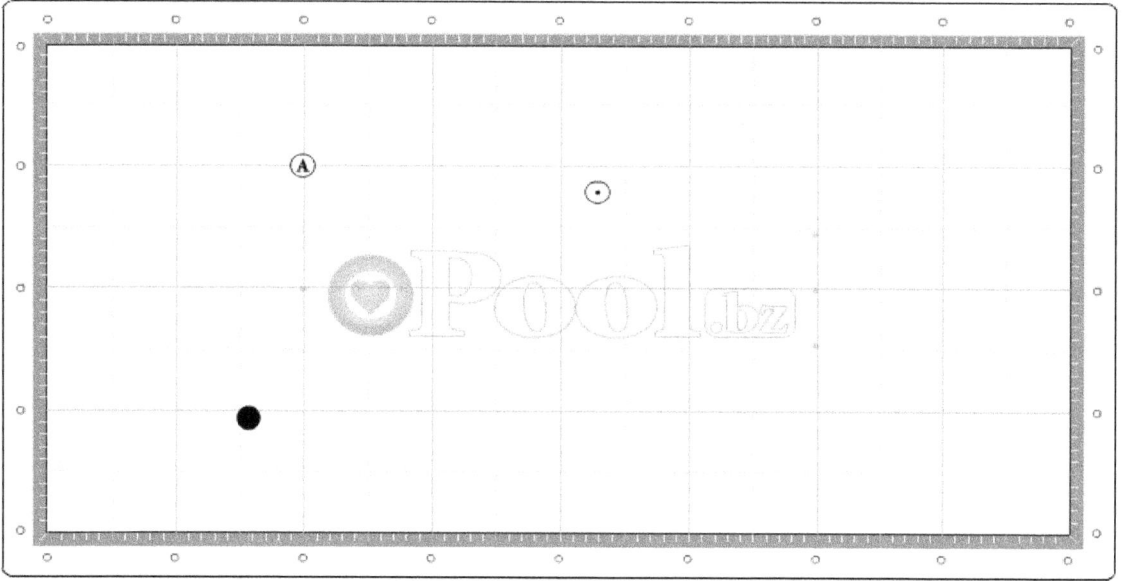

Notizen und Ideen:

Schussmuster

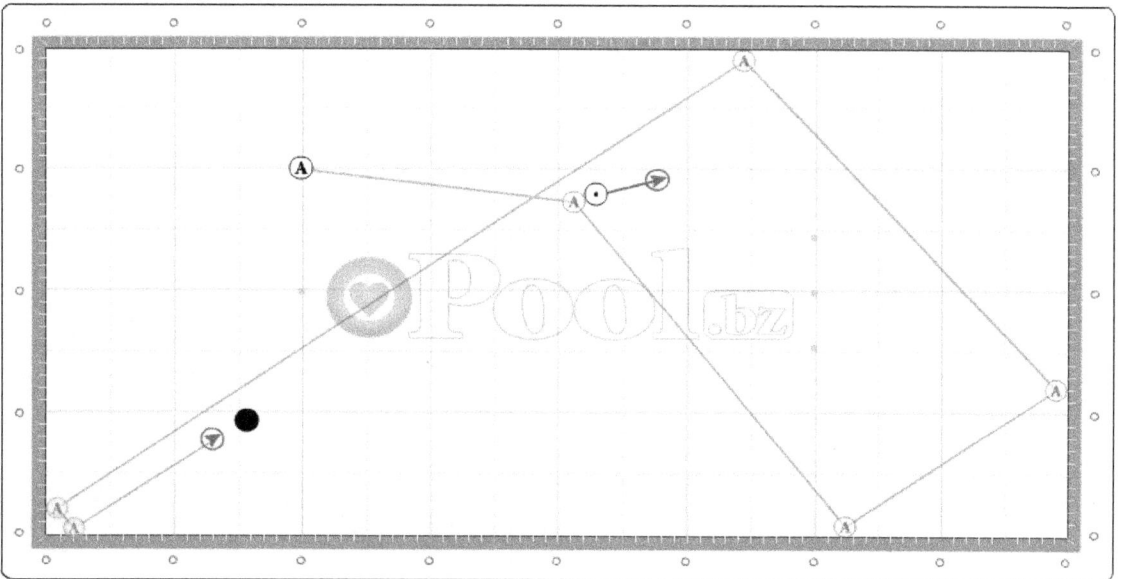

E:1c – Konfiguration

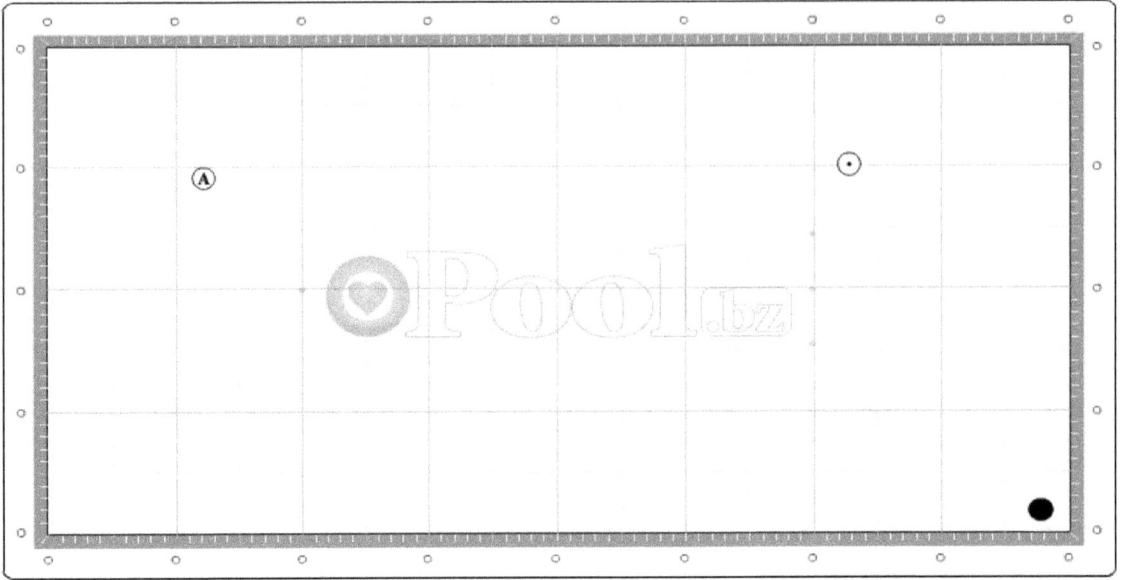

Notizen und Ideen:

Schussmuster

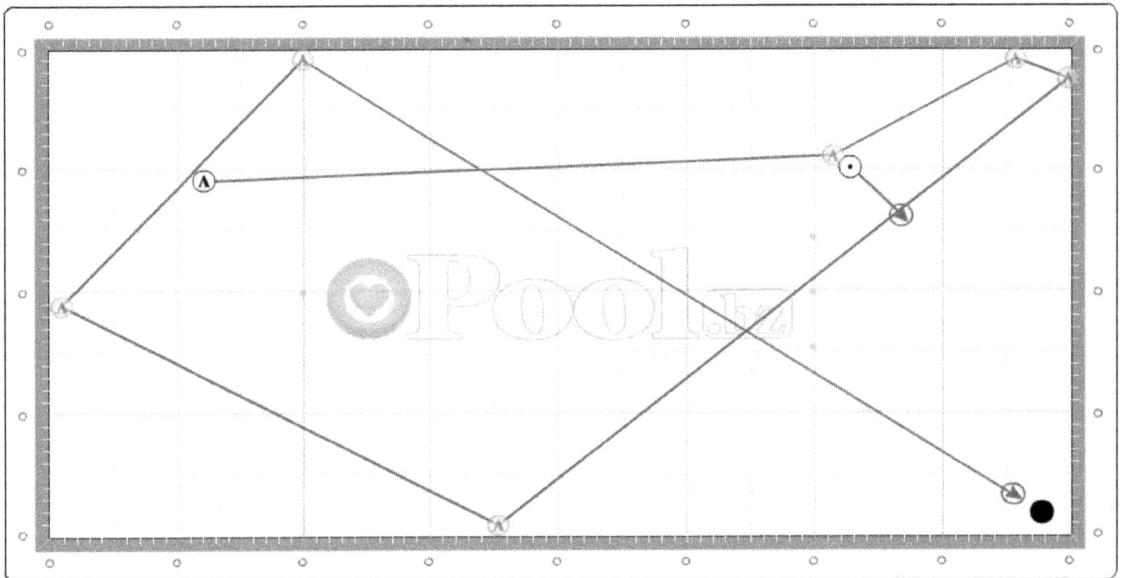

E:1d – Konfiguration

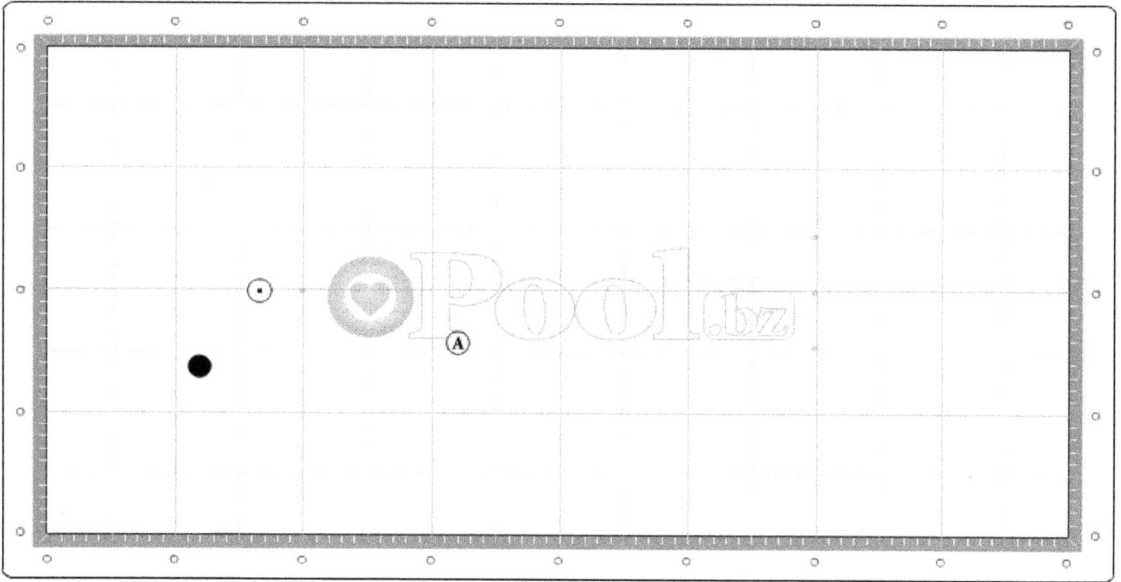

Notizen und Ideen:

Schussmuster

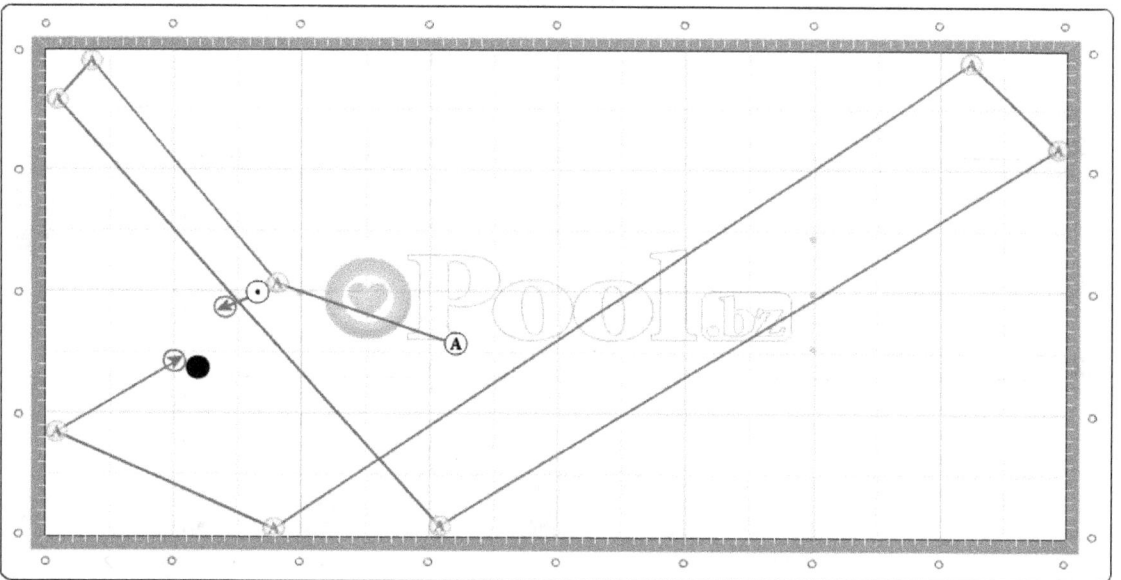

E: Gruppe 2

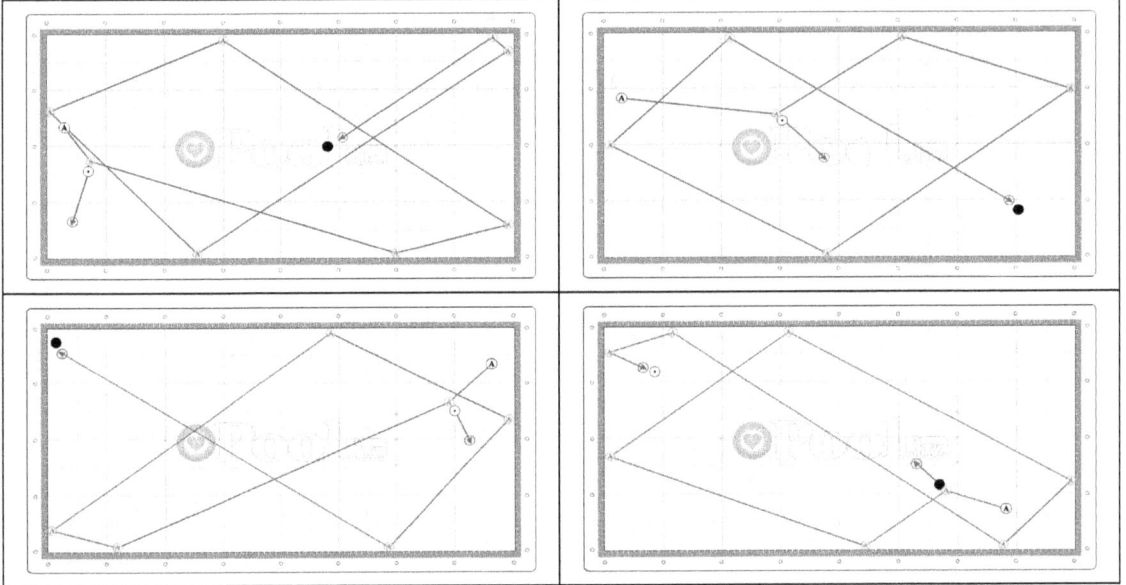

Analyse:

E:2a. _____

E:2b. _____

E:2c. _____

E:2d. _____

E:2a – Konfiguration

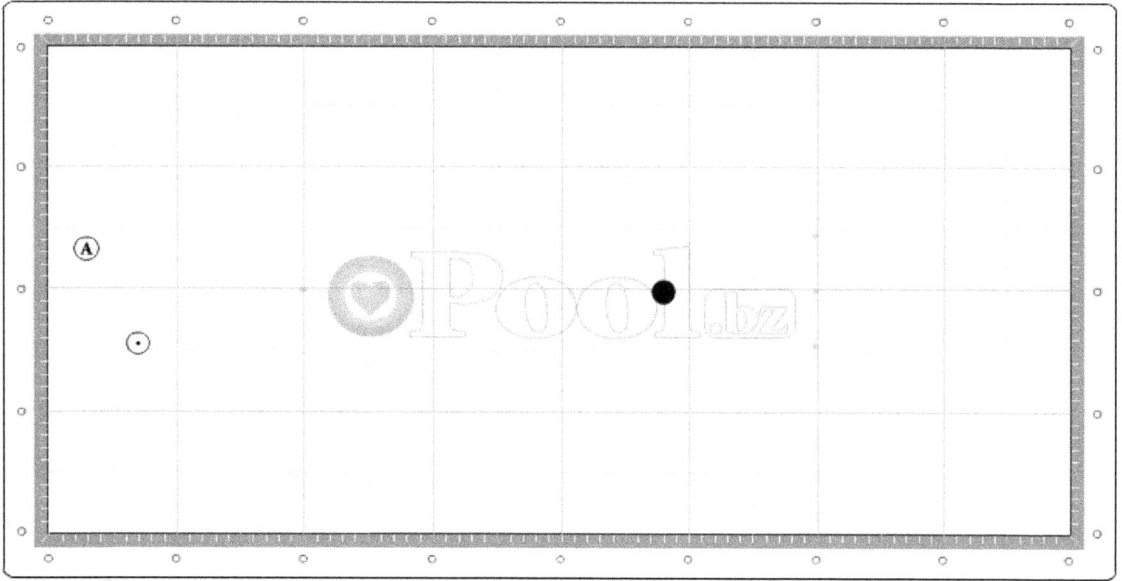

Notizen und Ideen:

Schussmuster

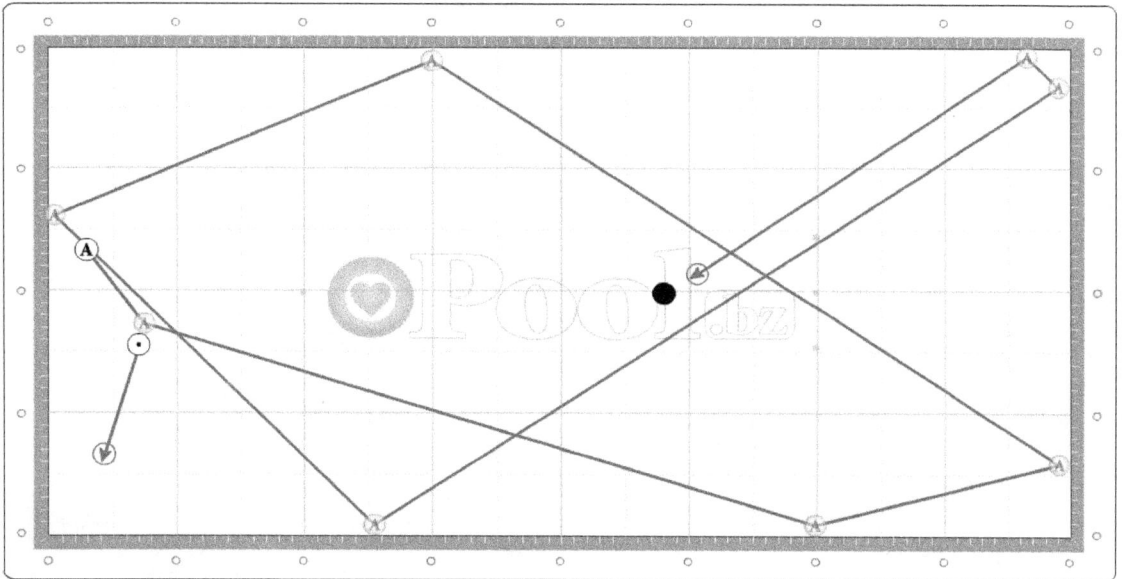

E:2b – Konfiguration

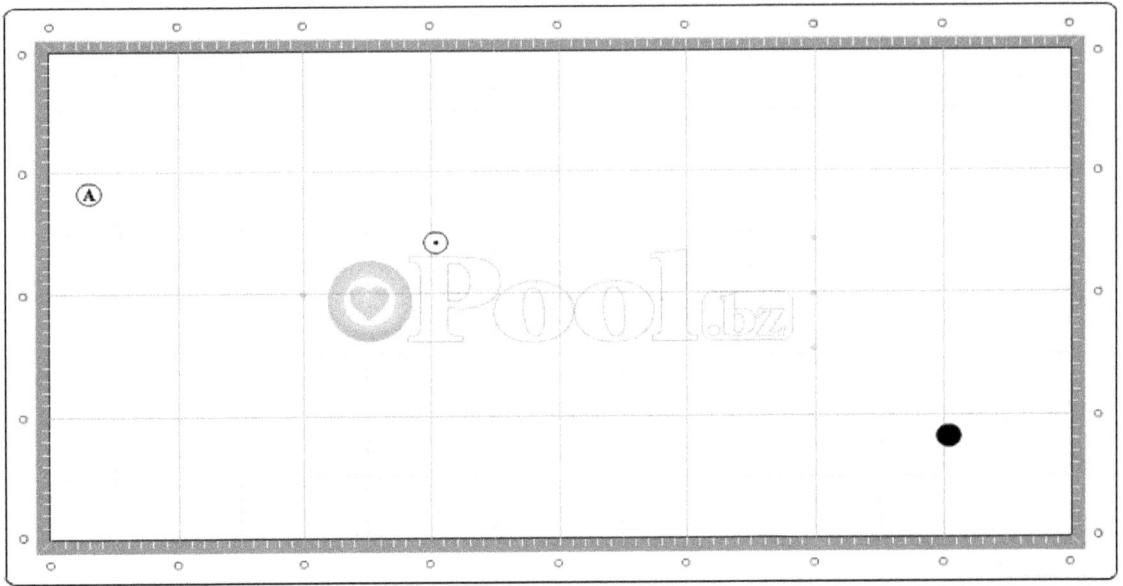

Notizen und Ideen:

Schussmuster

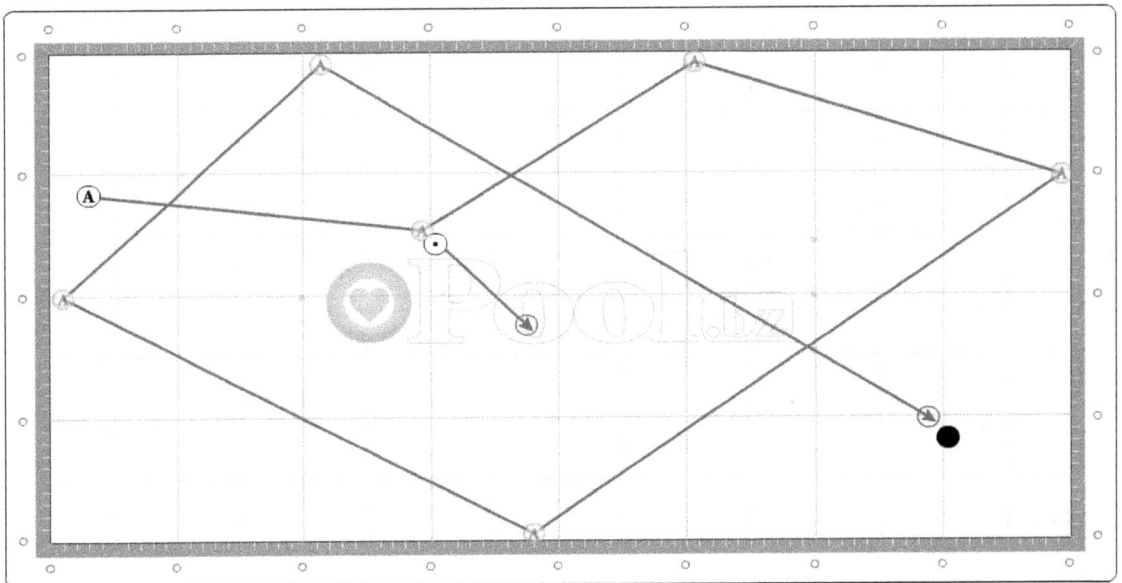

E:2c – Konfiguration

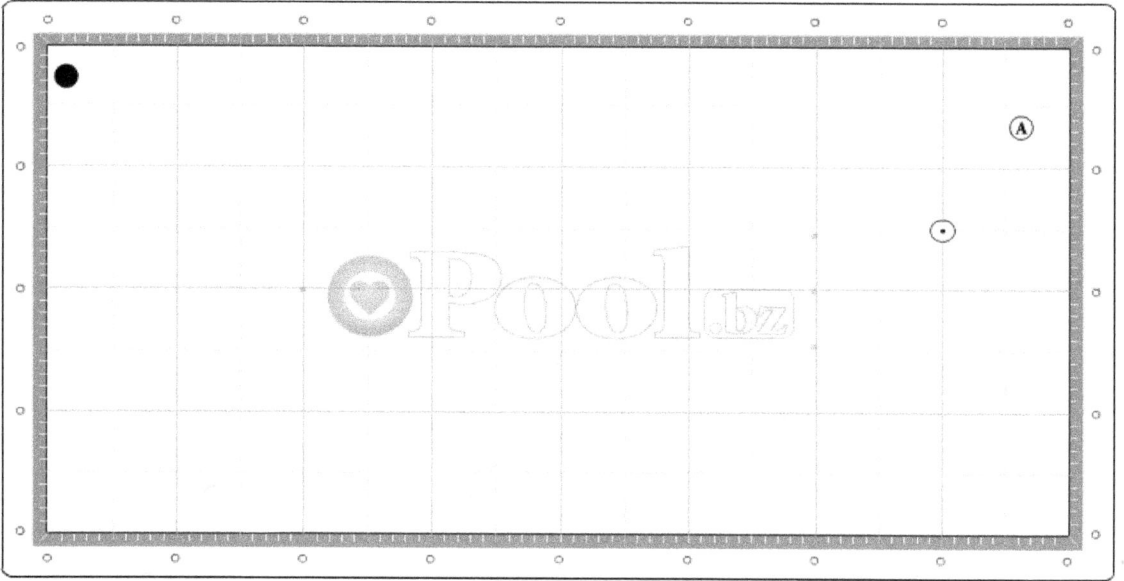

Notizen und Ideen:

Schussmuster

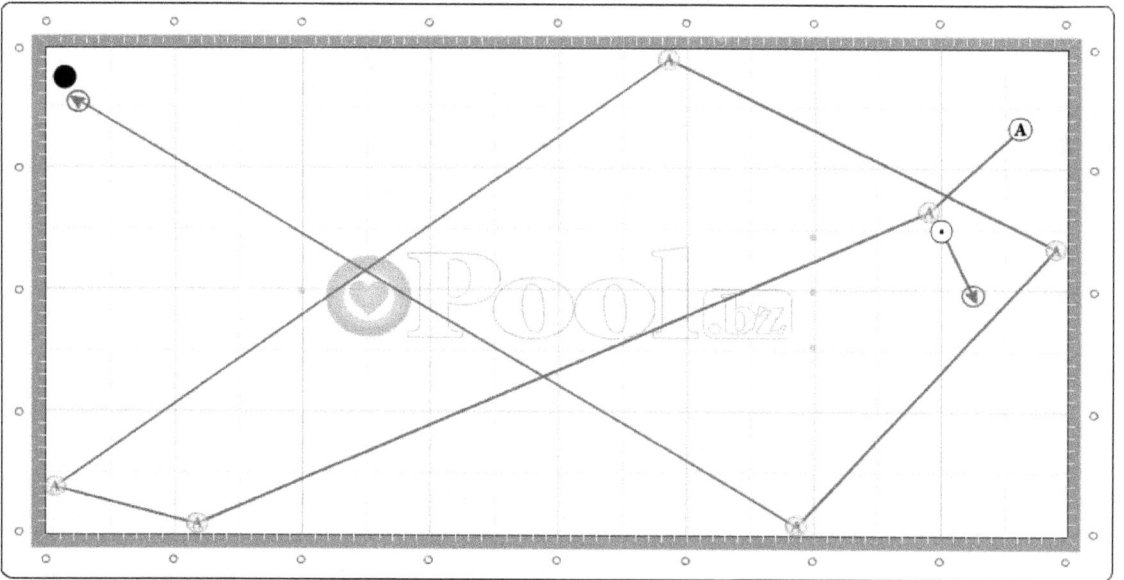

E:2d – Konfiguration

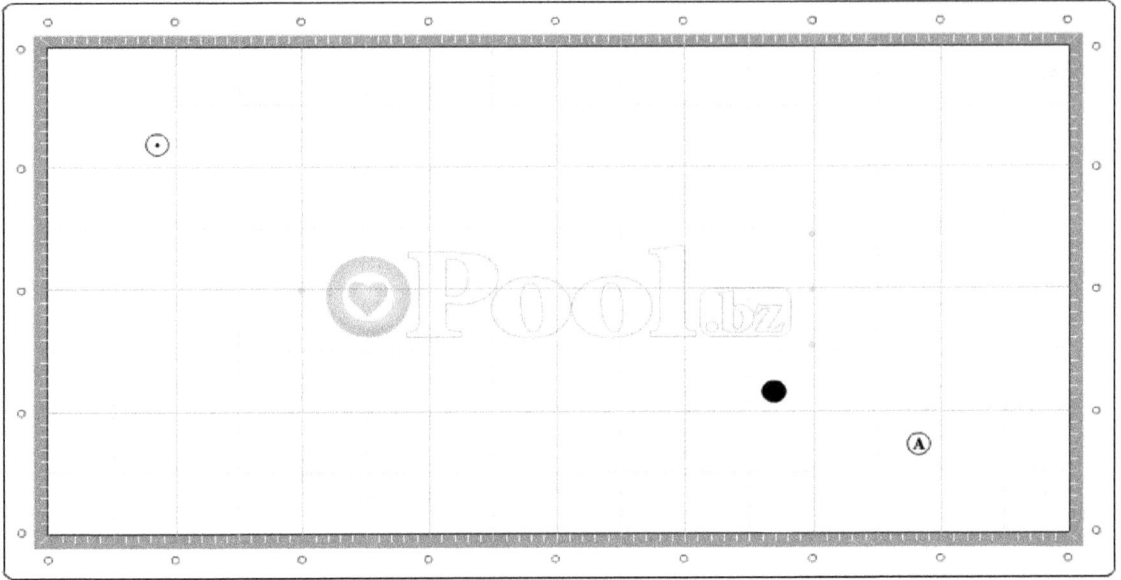

Notizen und Ideen:

Schussmuster

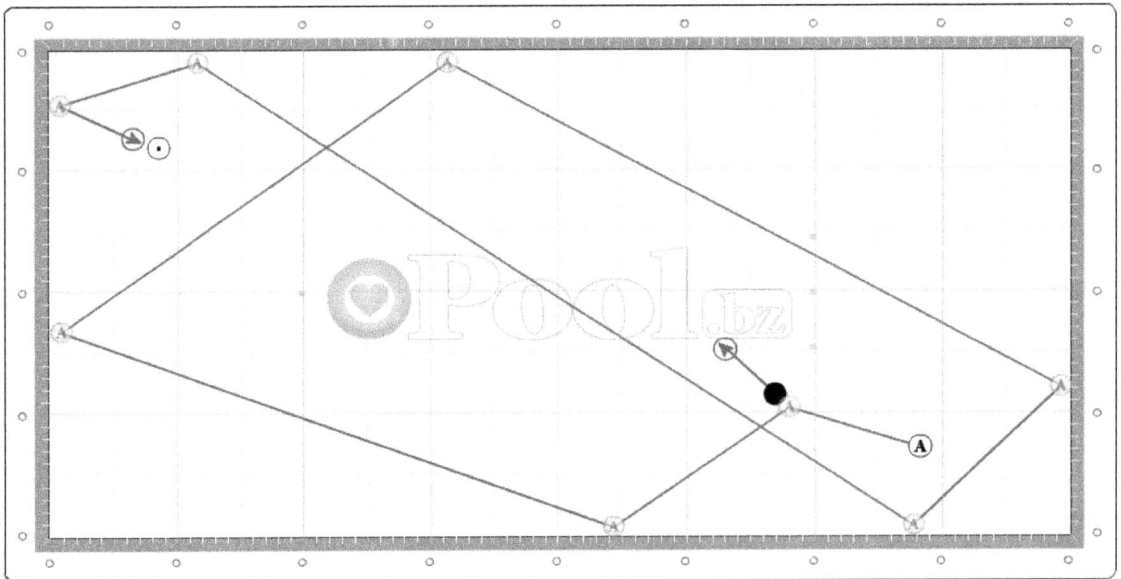

F: Lustig und interessant

Diese Situationen zeigen die starke Vorstellungskraft des professionellen Spielers. Aber manchmal ist die Punktzahl einfach eine Frage des Glücks, wenn man mit ungewöhnlichen Konfigurationen konfrontiert wird.

(A) (CB) (Ihre Billardkugel) - (OB) (Gegner Billardkugel) - ● (OB) (rote Billardkugel)

F: Gruppe 1

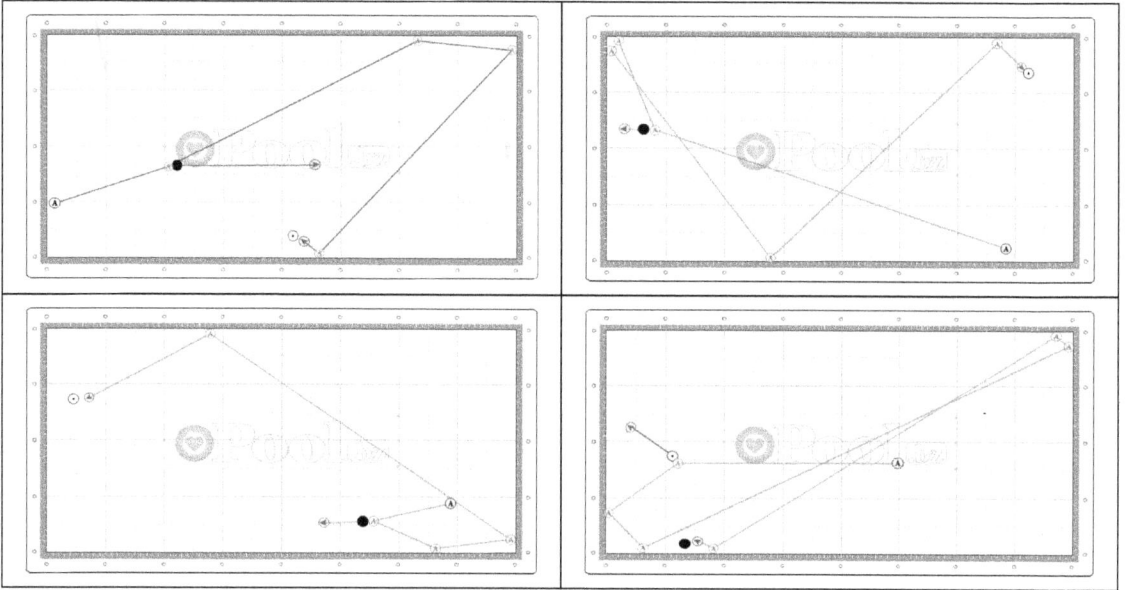

Analyse:

F:1a. _____

F:1b. _____

F:1c. _____

F:1d. _____

F:1a – Konfiguration

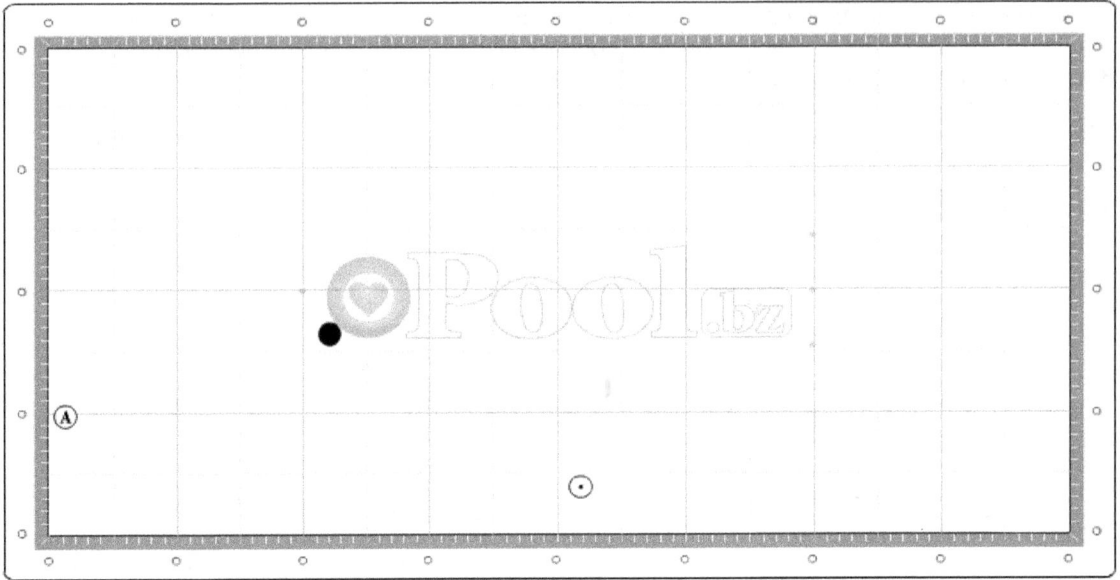

Notizen und Ideen:

Schussmuster

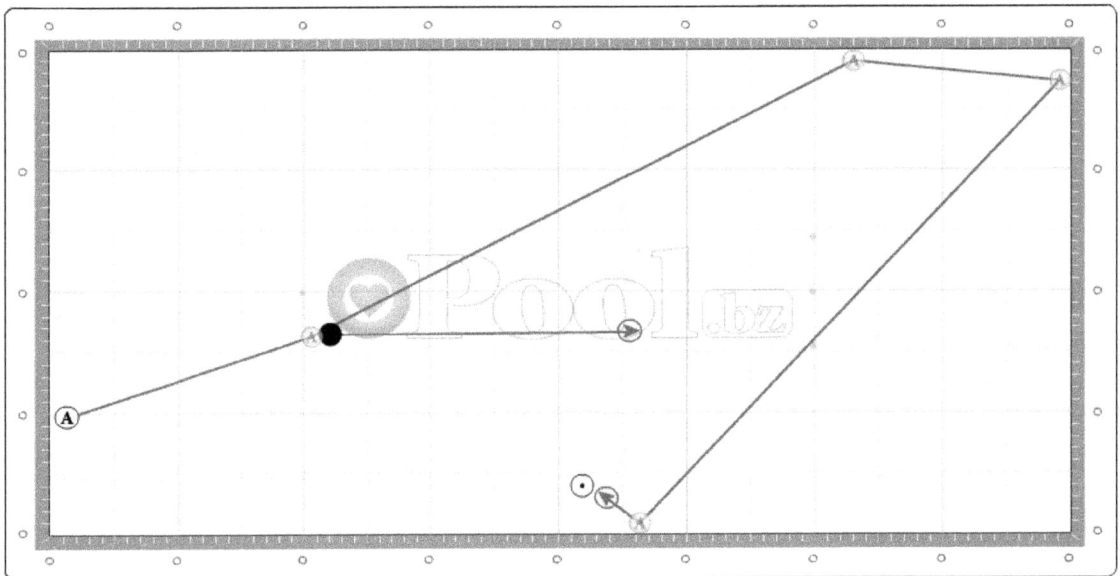

F:1b – Konfiguration

Notizen und Ideen:

Schussmuster

F:1c – Konfiguration

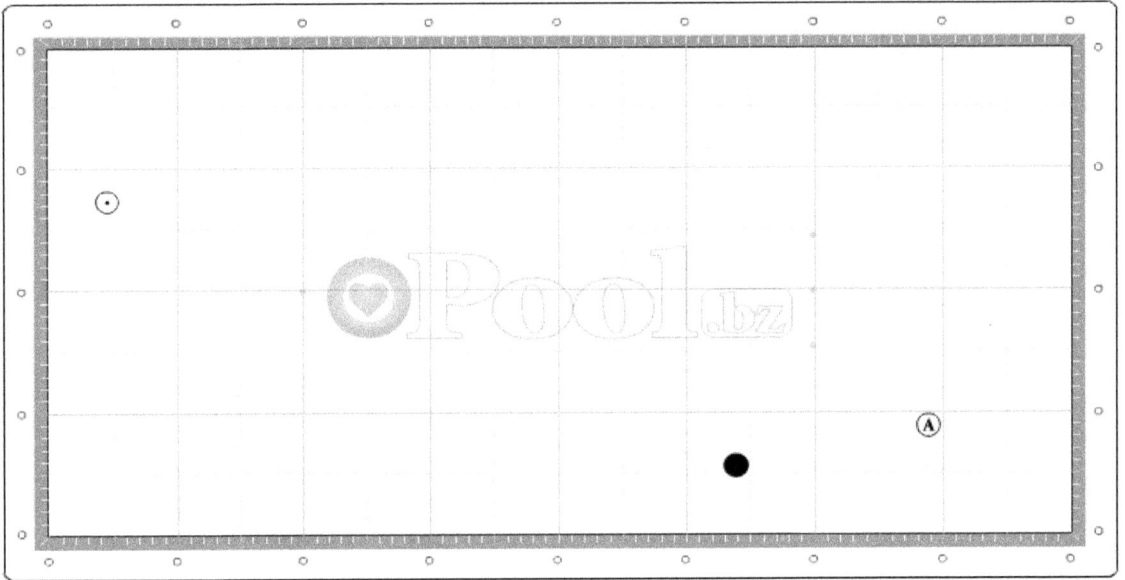

Notizen und Ideen:

Schussmuster

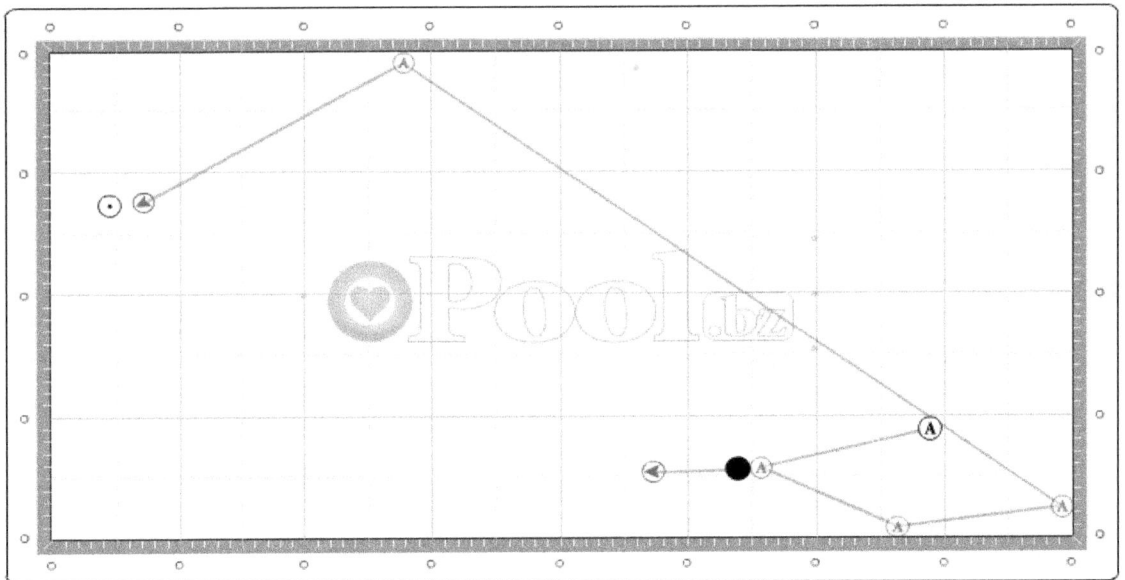

F:1d – Konfiguration

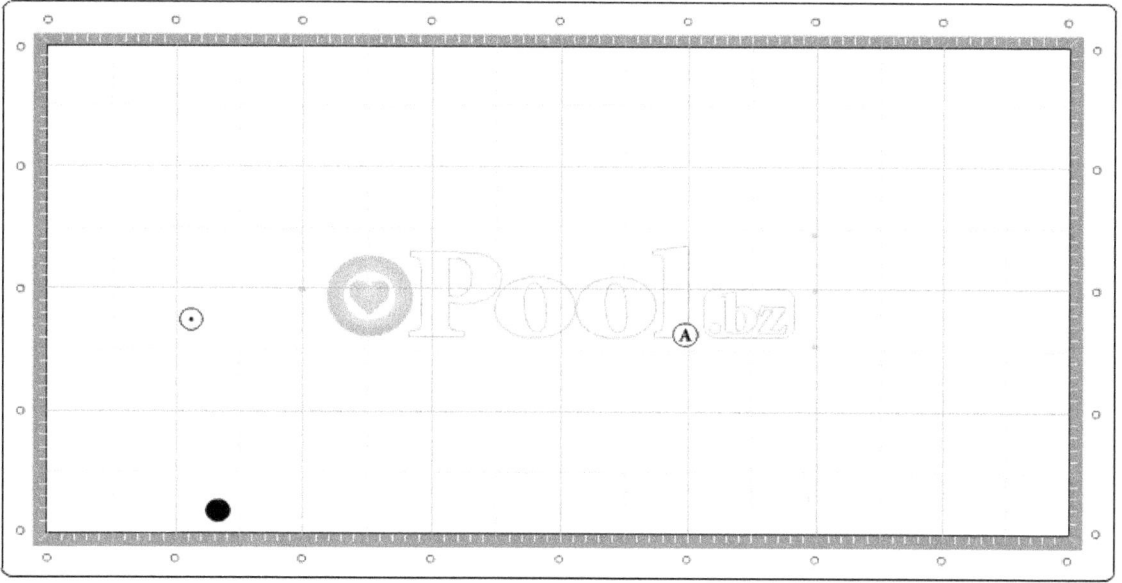

Notizen und Ideen:

Schussmuster

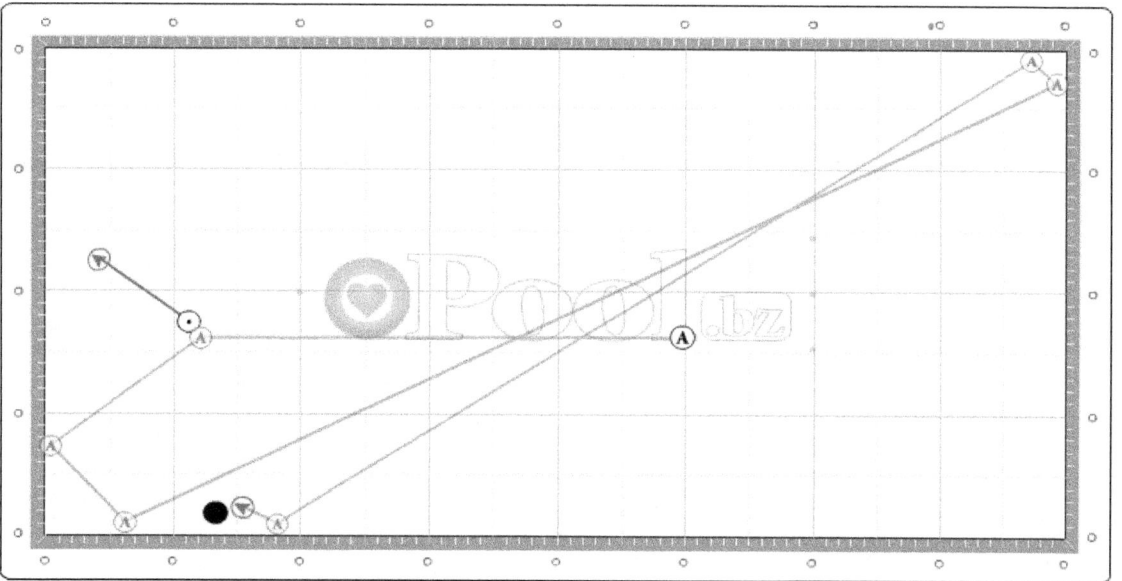

F: Gruppe 2

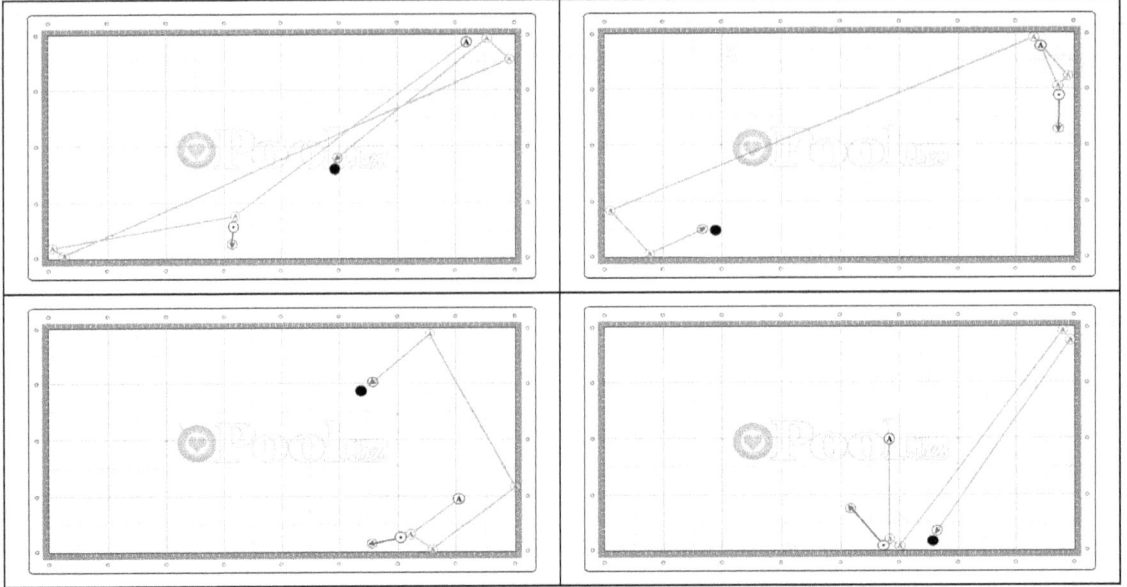

Analyse:

F:2a. _____

F:2b. _____

F:2c. _____

F:2d. _____

F:2a – Konfiguration

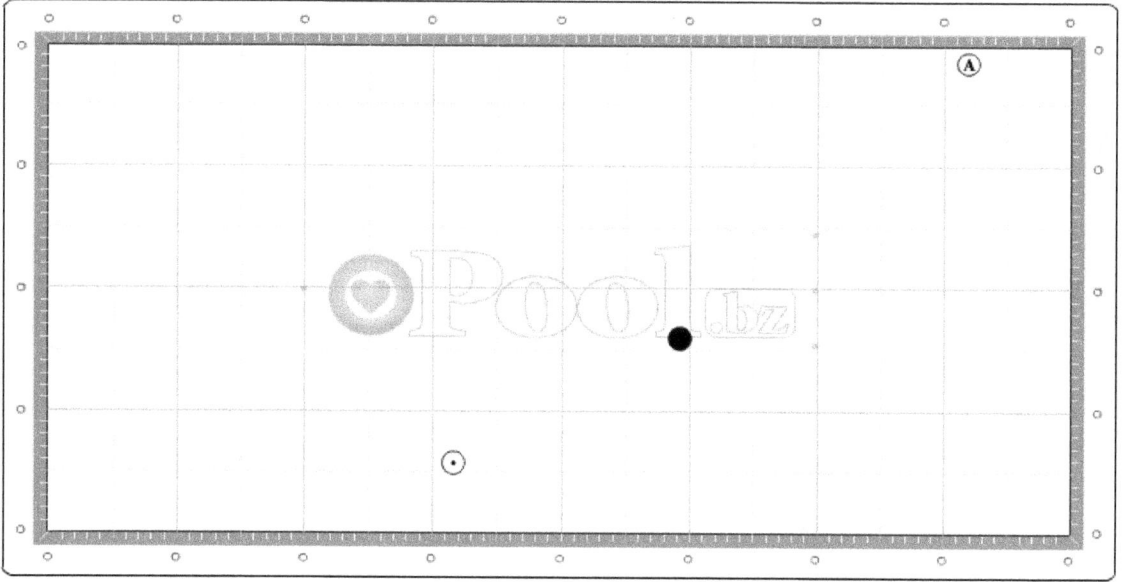

Notizen und Ideen:

Schussmuster

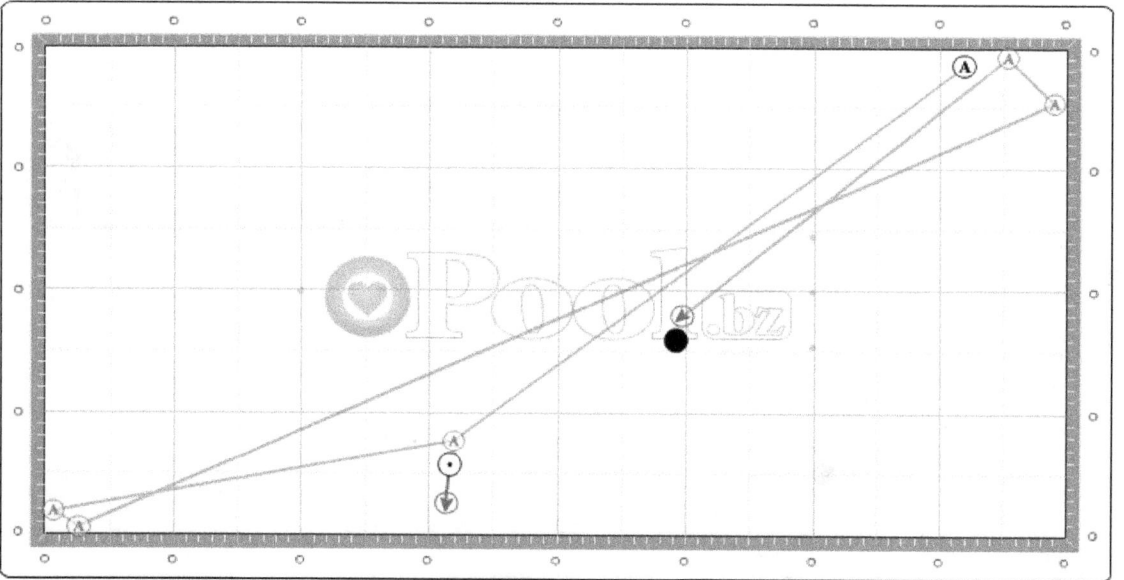

F:2b – Konfiguration

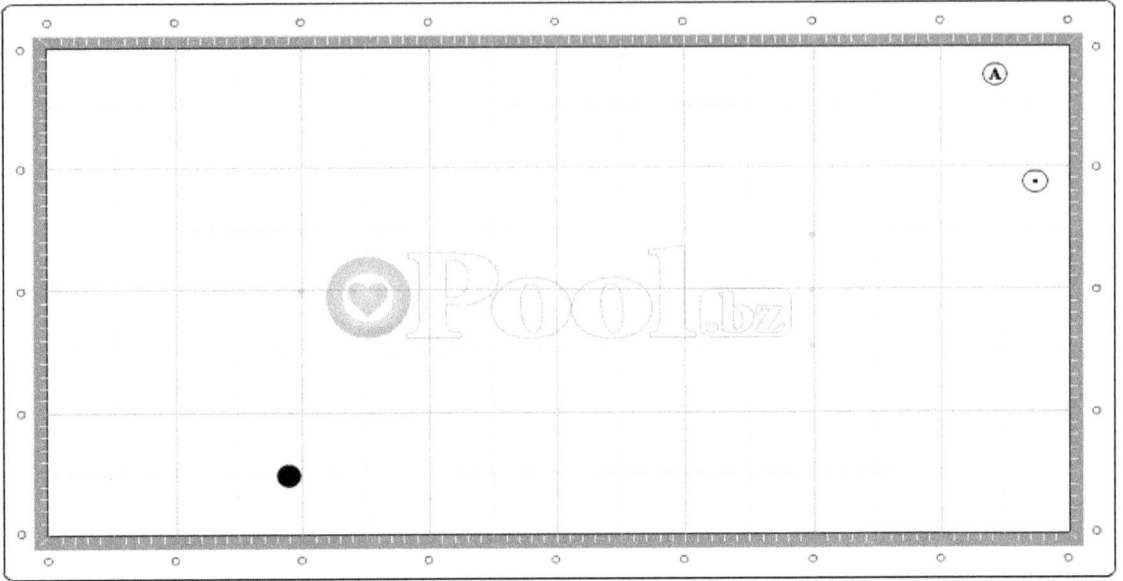

Notizen und Ideen:

Schussmuster

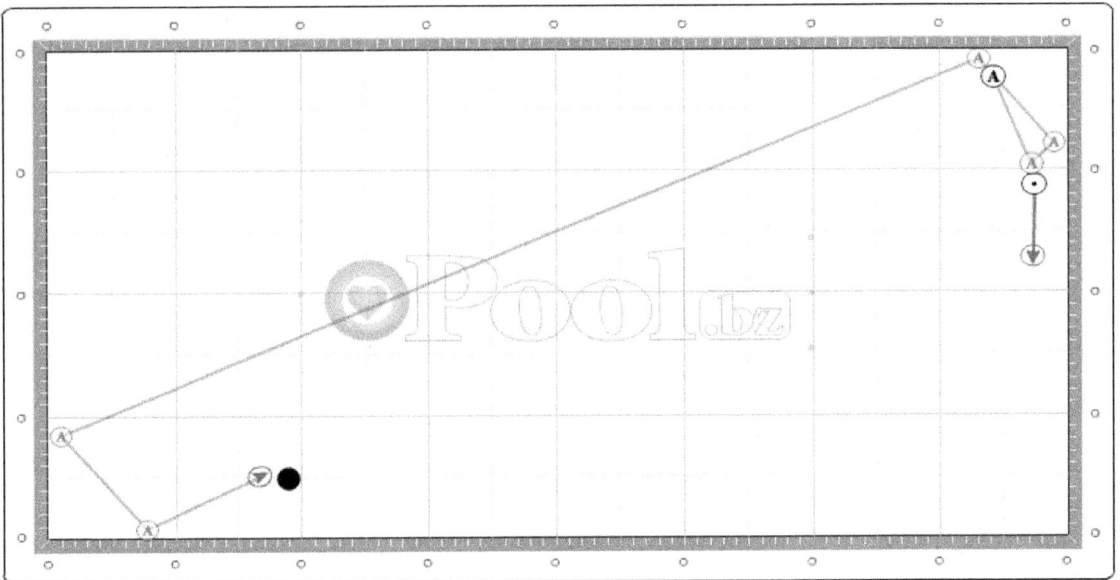

F:2c – Konfiguration

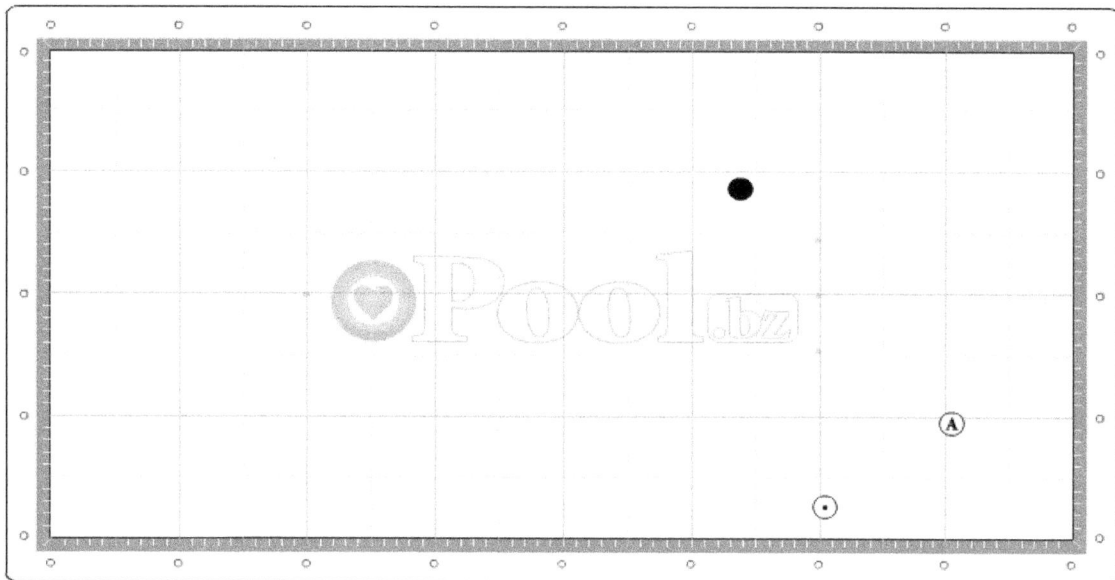

Notizen und Ideen:

Schussmuster

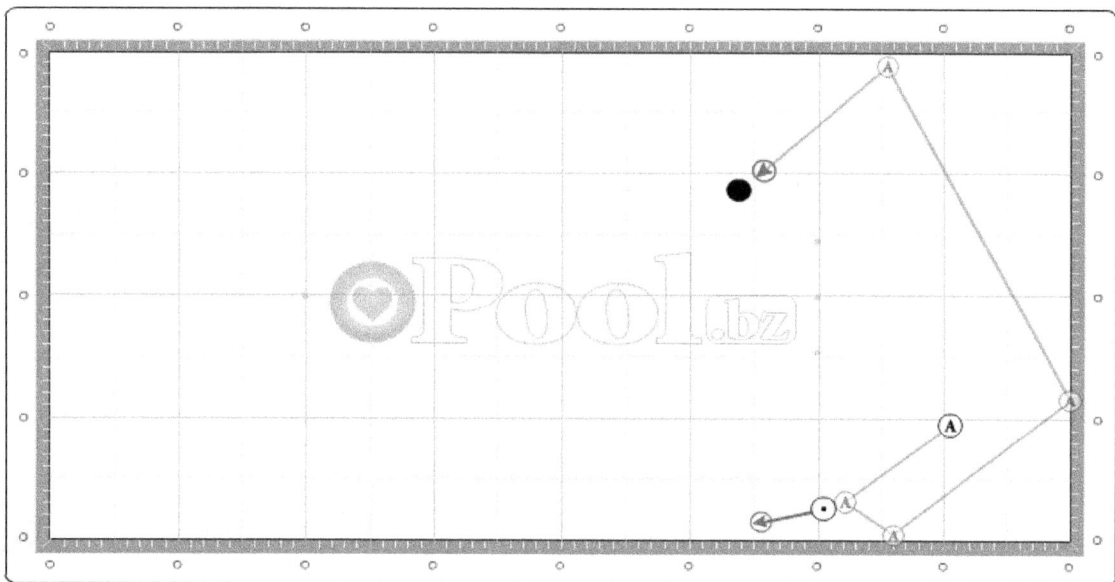

F:2d – Konfiguration

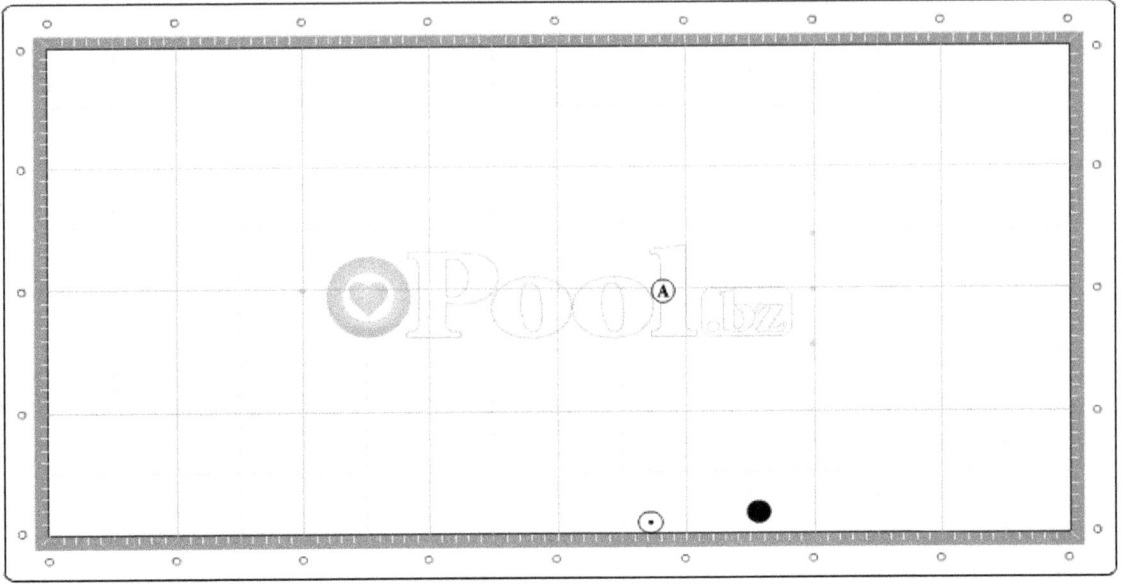

Notizen und Ideen:

Schussmuster

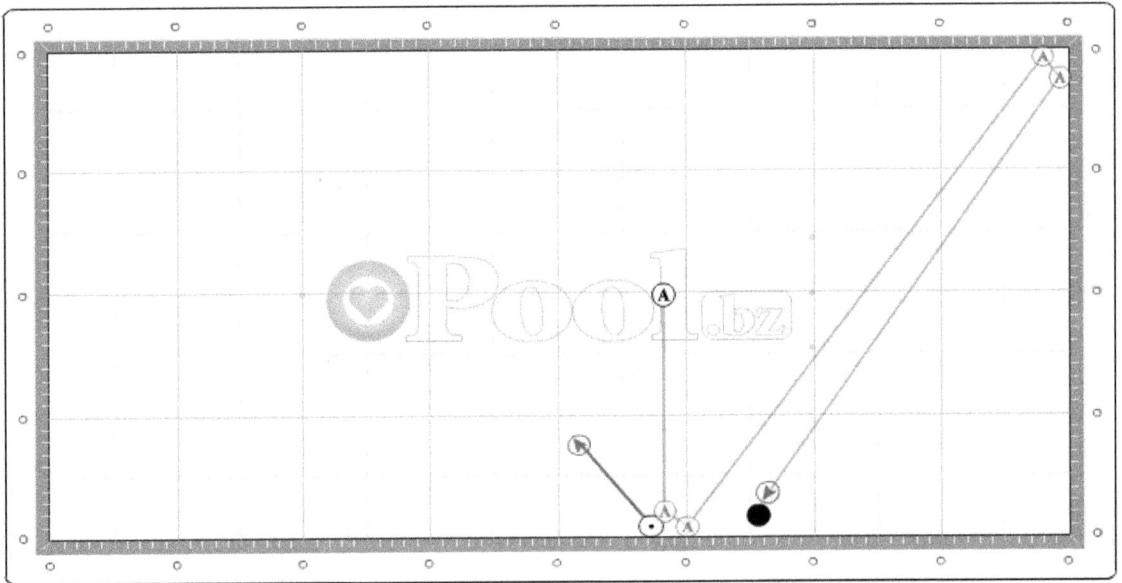

www.ingramcontent.com/pod-product-compliance
Lightning Source LLC
Chambersburg PA
CBHW062051090426
42740CB00016B/3090